四季の
景色盆栽

KESHIKI-BONSAI

～季節の草木を愉しむアイデアとポイント～

景色盆栽作家 品品 主宰
小林健二 監修
Kenji Kobayashi

はじめに

　慌ただしい現代では、季節の変化を味わう機会が少ないのではないでしょうか。木や草花、土に触れることはおろか、周囲の景色を眺めたり、足元の植物に目をとめたりすることもないかも知れません。

　そんな日常の中で、家にいながらに季節を感じさせてくれるのが景色盆栽です。景色盆栽は、小さな鉢の中でさまざまな自然の景色が広がる、いわば「小さな大自然」。四季折々にいろいろな表情を見せてくれ、私たちの心を癒し、励ましてくれます。

　植物を育てるのは大変だと思う人もいるでしょうが、植物は私たちが手をかけたことに素直に応え、葉を茂らせ、美しい花を咲かせて、たくさんの喜びを与えてくれます。また、植物は人間のように感情表現をすることができませんから、細かな変化に気づき、心を配ることが必要になってきます。そんな心の余裕を持つことは、人としての優しさや魅力にもつながっていくように思います。

　暮らしの中に景色盆栽を取り入れて、心豊かに過ごしてみませんか。一年を通して景色盆栽を楽しんでほしいと思い、本書では、季節ごとに、たくさんの植物を紹介しています。こんな植物も盆栽に使えるのか、今度はこれを育ててみようかなと思いながらページをめくり、創作のヒントにしていただけたら幸いです。

小林健二

品品(しなじな)

現代の生活と植物を結び付け、心の豊かさにつなげることを大切に、新しいスタイルの盆栽「景色盆栽」を創作。「造園装飾」の提案も行い、広く緑の空間をプロデュースしています。楽しく学べる「景色盆栽教室」も開催しています。

〒158-0083 東京都世田谷区奥沢2-35-13
Tel. 03-3725-0303　Fax.03-3725-0360
営業時間　11:00～18:00（水曜定休）
東急東横線「自由が丘」駅、東急目黒線「奥沢」駅から徒歩5分
http://www.sinajina.com/

景色盆栽とは?

盆栽の起源は中国といわれ、その歴史はとても古いようです。日本には平安時代末期に伝えられ、日本の風土や精神に合わせて磨かれ、引き継がれてきました。そして、今では、海外でも「BONSAI」として親しまれています。

なぜ、盆栽はこれほどまでに長く人々に愛され続けてきたのでしょうか。観葉植物と違い、盆栽には四季があり、風景があります。ただ銘木を鑑賞するだけに留まらない、植物が伝えてくれるストーリーがあるのです。

季節の移ろいは自然のものですが、そこに、ほんの少しだけ手を入れて風情を出す、それが盆栽の真髄であり、人々が惹きつけられる魅力なのかもしれません。

なかでも景色盆栽は、小さな鉢の中に、自然の景色を切り取って表現するものです。そこに、山や丘、渓流、湖畔、海辺などの美しい景色を描くことができます。「小さな大自然」こそが、景色盆栽の醍醐味といえるでしょう。自らの手でつくり育て、身近に置くことで、自然に触れるような心地よさを感じさせてくれます。ぜひ、自分の故郷や憧れの風景なども表現して、楽しみを広げてみてください。

手のひらサイズの可愛らしさや凛とした格好よさを備えた景色盆栽は、気軽にインテリアに取り入れることができます。鉢や敷物、置き台などのしつらえを工夫すると趣が変わり、和洋を問わず用いることができます。ライフスタイルに合わせて、楽しんでみましょう。

CONTENTS 目次

第3章 夏の景色盆栽

第4章 秋の景色盆栽

第5章 冬の景色盆栽

第6章 景色盆栽を魅力的につくるコツ

第7章 盆栽のメンテナンス

第1章

景色盆栽のための盆栽基礎知識のおさらい

初めて盆栽をつくるにあたっては、そろえておきたい道具や知っておきたい知識があります。実際の植えつけやメンテナンスのために、必要になるからです。細かなルールに縛られる必要はありませんが、まずは、この章を読んで、盆栽の世界に足を踏み入れてみましょう。どんな景色盆栽をつくりたいかイメージしてみてください。

盆栽の基本用語

　盆栽の世界には独特の言葉があり、わかりにくいものもあります。本やインターネットの情報を参考に盆栽をつくり始めてみても、一つひとつの言葉でつまずいていたら、なかなか先に進めず、完成するのは難しくなってしまうでしょう。盆栽をつくるうえで、初めに知っておきたい基本用語をまとめてみました。

一本もの
一本の苗で鉢に植えつけること。

寄せ植え
2種類以上の植物を一つの鉢に植えつけること。

剪定（せんてい）
不要な枝や葉を切り落とし、樹形を整えること。

徒長（とちょう）
茎や枝が弱々しく間伸びすること。また、新芽などが勢いよく伸びること。

根上がり
根の部分が表土から露出し幹のように立ち上がること、また、その樹形を指す。

鉢底石（はちぞこいし）
鉢の底に、土の排水性をよくするために入れる石。

枝もの

苗

草もの

鉢

苔（こけ）
盆栽に使用する苔は数種類あり、主に土に張ったり苔玉に使用する。

石置き
鉢の中に、岩や崖などを表現するために置く石。

用土（土）
植物を植えつけるために配合された土。

化粧砂（けしょうずな）
土の上を覆い、さまざまな表現に使う砂。

盆栽の見方

景色盆栽は、基本的には、自由にありのままの姿を感じて楽しめるものです。しかし、盆栽を見慣れていないと、そのよさや面白さがわからないこともあります。盆栽のどこを見て判断したらいいか、見どころとなるポイントがわかってくれば、さらに、盆栽の奥深さ、面白さを感じることができるでしょう。

樹冠（じゅかん）

樹の先端を樹芯、その周辺の枝葉の茂っている部分を樹冠と呼びます。樹木の重要な生長点でもあります。

枝ぶり

枝の生え方、伸びている格好。盆栽の形の表現上、大きな役割を果たし、特に、冬の落葉時に魅力を発揮します。

正面の見分け方

盆栽には正面と背面があるので、鉢に植える時は正面を見る側にして整えます。まず、幹が前かがみに見える方向を見つけ、均整のとれた安定感のある面を探します。一般的に、正面は「幹面」と呼ばれる美しい幹がよく見える面です。「葉表（葉が繁って見える面）」の反対側になります。

Point

360度回転させながら、幹が前傾姿勢になっている方向を探します。また、左右に翼を広げるように枝ぶりが見える方向がベストです。

立ち上がり

根元から一番下の枝までの部分。根の勢いを幹に伝える箇所で、幹が最もよく見えるので重要な鑑賞点です。

根張り（ねばり）

根が地表に出ている部分。大地をつかむように力強く張った根は、自然の大樹のような安定感を生みます。

盆栽の種類

　植物には、それぞれに異なる特徴があります。一年中、緑豊かな葉を茂らせるもの、美しい花を咲かせ実を結ぶもの、鮮やかに葉が色づくものなど、その魅力には限りがありません。景色盆栽に使える植物を分類しました。好みの植物を見つけて、ぜひ、盆栽に仕立てて、四季折々の自然を楽しんでみましょう。

松柏類（しょうはくるい）

　格式のある盆栽として昔から愛好されてきたマツに代表される常緑針葉樹を指します。丈夫なので初心者にも比較的育てやすいのが特徴です。常緑の葉、幹肌や枝ぶりの魅力を生かして、長い年月をかけて育てるなかで、盆栽の奥深さを感じさせてくれるでしょう。

雑木類（ぞうきるい）

　松柏類以外の樹木で、主に落葉樹を指し、「葉もの」とも呼ばれます。早春の芽吹きに始まり、初夏の新緑、秋には紅葉、冬の落葉後の枝ぶりなど、四季の趣を味わえます。幹や枝ぶりをつくり込むのに適した樹種も多く、寄せ植えや株立ちに仕立てることも可能です。

草もの

　草を主にした盆栽で、高山植物をはじめ、多年草、一年草、多肉植物など、種類が豊富です。仕立て方や鉢とのバランスなどを工夫しながら、自然の野趣に富んだ美しさを引き出してみましょう。また、季節感などを表現するために、効果的に使うこともできます。

実もの

　花の少ない季節に鮮やかな実をつけ、楽しませてくれる盆栽です。実の色や枝葉とのバランスはさまざまなので、好みの樹木を選んでみましょう。ただし、雌雄異株の種もあり、雌株でないと実がつかなかったり、人工受粉が必要だったりするので注意が必要です。

花もの

　花が魅力的で、鑑賞のポイントになる盆栽です。花の可憐な美しさは生活に彩りを添えてくれます。きれいな花を咲かせることを目標として育てることで、メンテナンスにもやりがいが感じられ、開花の喜びを味わえるので、景色盆栽が初めての人にもお勧めです。

盆栽の基本的な樹形

同じ種類の木でも、メンテナンスの仕方によって樹形を変化させることができます。感性のままに樹形をつくることが悪いわけではないですが、基本的な樹形を覚えておくと、自然で美しい盆栽をつくる参考になります。その木の性質を理解してよく観察したうえで、個性を生かし、無理のない樹形にしましょう。

懸崖（けんがい）

幹や枝先が鉢の線より低く垂れ下がっているのが特徴。根元から幹が急角度で落ち、味のある曲線を描きます。断崖絶壁に根を張って生きる木の姿が重なる樹形で、がっしりした根張りも見どころです。

斜幹（しゃかん）

幹が左右どちらかに傾いている樹形。強風や岩石にはばまれながらも光を求めて伸び、力強く生きている木の姿をイメージさせます。不安定さのなかで、絶妙なバランスを保つ表現の面白さがあります。

直幹（ちょっかん）

幹が根元からまっすぐに上に伸びる樹形で、立ち上がりから上にいくにつれて細くなっていきます。幹を中心にしてほぼ左右対称で、しっかり根を張って枝葉を広げる姿は、大木をイメージさせます。

根上がり（ねあがり）

根の部分がむき出しになっている樹形。風雨などで足元の土をさらわれ、根を露出してもなお、たくましく生きる木を想像させ、雄大な自然を表現できます。絡み合った根のフォルムも魅力的です。

株立ち（かぶだち）

一つの株から複数の幹が出ている樹形。最も背が高く太い木を主幹、ほかは従幹といい、高さや太さの異なる幹が寄り添う、微妙な空間バランスが見どころです。2本の場合は「双幹」と呼ばれます。

石つき（いしつき）

幹の根元に石が絡みついた樹形。根に石をはさんで育成する場合と、石のくぼみに植え込む場合などがあります。石と組み合わせることで、渓谷や断崖絶壁、孤島など、さまざまな景色を表現します。

そろえたい道具

　盆栽には専用の道具があり、盆栽専門店のほか、園芸店やホームセンターで入手できます。身近な日用品で代用できるものもありますが、使いやすさの点では専用のものをそろえたほうが作業が楽になります。良い道具はきちんと手入れすれば長く使え、手になじんできます。常にきれいな状態にしておきましょう。

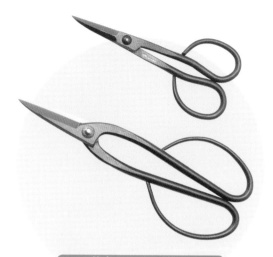

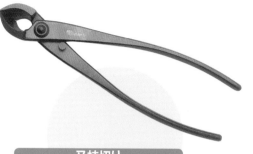

又枝切り

又になっている部分から出る枝や芽をえぐるように切り取るハサミ。刃先が鋭く、入り組んだところにも刃先を入れやすいのが特徴で、コブにならずにきれいに切り取ることができます。

剪定（せんてい）バサミ

枝や葉の剪定に使うハサミ。細かな剪定には小さいもの、太い枝を切るには大きめなものが使いやすいので、大小2つそろえると便利です。細かい作業には柄の長いタイプが使いやすいです。

花切りバサミ

切り花用のハサミ。根を切る時や太めの枝を切る時などにも使える用途が広いハサミです。材質や重さ、強度などが異なる、多くの種類があるので、自分の手になじみ、使いやすいものを選びましょう。

針金切り

鉢底ネットを固定するアルミ線や、枝にかける針金を切るハサミ。針金を外す時は、巻き戻すようにすると樹皮を傷つけるので、針金切りで短く切ってはずします。ペンチやニッパーでも代用できます。

コテつきピンセット

ピンセットは、表土に苔を張る時に使います。また、根をほぐしたり、枯葉を摘み取ったり、虫を取り除く際などの細かい作業に使用するといいでしょう。コテは、用土や化粧砂を整える時に便利です。

丸箸（まるばし）

竹製のハシで、苗の植えつけの際に、根をほぐしたり、用土を突いて根の隙間に土を入れたりするのに使います。苔を張る際に、端を押し込むのにも便利。先の細い使いやすいものを用意しましょう。

土入れ

用土や化粧砂を鉢に入れる時に使います。切り口が斜めになっているものが使いやすく、プラスチック製のものが軽くて扱いが楽です。さまざまなサイズがあるので、いくつか用意しておくと便利です。

盆栽用アルミ線

鉢底ネットを鉢に取りつける時や、枝を曲げたり、位置を変えたりするために、枝を固定する「針金かけ」などに使います。いろいろな太さのものがあるので、用途によって使い分けましょう。

鉢底ネット

鉢底に容器の内側から敷くプラスチック製のネットで、鉢底穴からの土の流出を防ぐ役目を果たします。また、虫の侵入を防ぐこともできます。鉢底穴の大きさに合わせてカットして使います。

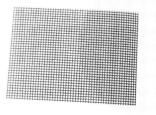

手ぼうき

作業台の上を掃除するコンパクトなほうき。散らばった砂や土を払って、きれいな状態で作業をするために、ぜひ、持っておきましょう。細かい砂も掃けるように、こしが柔らかいものがお勧めです。

霧吹きスプレー

植えつけや苔張り、水やりなど、植物を育てるなかで多くの場面で必要になってきます。ノズルが長めで、ストローの先にオモリがついていて、本体を傾けてもスプレーできるタイプがお勧めです。

鉢の種類と選び方

鉢の形や大きさは千差万別。鉢選びも景色盆栽の楽しみのひとつです。

　鉢の大きさは、直径3センチ以下の豆鉢から手のひらサイズの小鉢、さらに中鉢、大鉢までさまざま。形や色、素材も豊富なので、鉢を選ぶのも楽しいものです。ただ、注意しておきたいのが鉢底穴の形状。穴が内側から開けられているほうが鉢の中に水がたまりにくく、根腐れの心配がありません。平鉢のように鉢底面積が広い場合は、複数の穴が開いているものが安心。穴が開いていない鉢には根腐れ防止用の室内栽培用土が必要です。

インテリアにも合わせて、できあがりをイメージした鉢選びを。

　盆栽の「盆」は「鉢」を指します。鉢は植物が暮らすところであり、装いでもあります。あるいは、鉢と植物の関係は、器と料理の関係に似ているかもしれません。繊細な姿のものにはそれが生きる鉢を、力強い幹を持つものなら存在感のある鉢をと、バランスよく、植物がより引き立つ鉢を選びましょう。さらに、自分のイメージした景色盆栽をつくり上げるために、置く場所やインテリアにも合わせ、好みの鉢を選んでみてください。

丸鉢

茶碗のような形で、なだらかな曲線が柔らかい印象を与えます。鉢口（鉢の縁）に向かって包み込むような形状で高い保水性があります。

平鉢

鉢口が広く低い鉢。植物が地表に近く地面から切り取ったような景色をつくりやすいです。水はけがいいのは鉢底穴が複数あるものです。

皿鉢

底から鉢口に向かって広がった鉢で、シャープでモダンな雰囲気が漂います。木々が伸びやかに広がる林などの表現に適しています。

懸崖鉢（けんがいばち）

筒状で高さのある鉢。直幹の樹形より、枝や幹に動きのある模様木や、鉢の縁より下に枝や幹が垂れ下がる懸崖樹形に向いています。

脚つき

脚がついた鉢。地表から鉢穴が離れているので、通気性に優れています。鉢の存在感が際立ち、個性的なデザインのものが多い。

豆鉢

直径3センチ以下程度の鉢。この鉢で仕立てられた盆栽を「小品盆栽」ともいいます。用土が少なく乾きやすいので水やりに注意が必要。

苗の選び方

盆栽の主役は植物。だからこそ、苗選びはとても重要です。苗は園芸店やホームセンターでも購入できますが、やはり、間違いがないのは盆栽専門店で購入すること。専門店なら、苗選びはもちろん、メンテナンスについても細かく相談に乗ってくれるからです。苗選びのポイントは下記に挙げていますが、どのように楽しみたいかも大切なポイント。一年中、緑を楽しめるもの、花や実のつくもの、紅葉などで季節感を味わえるものなど、それぞれを自分の部屋に置いた時の雰囲気をイメージするとヒントになるはずです。

また、鉢の置き場所で苗の選択肢が絞られることもあります。日当たりのよい庭やベランダがあれば、自由に選ぶことができますが、そうでない場合は、日陰や屋内でも生育できる植物を選んだほうが無難なので、あらかじめ確認しましょう。

枝もの

「枝もの」と呼ばれる樹木の苗は、鉢の中で主役となる「主木」となる場合が多いです。まず主木を選び、次に「添え」となる苗を選ぶのが一般的。苗の時点で、ある程度形の整ったものを選ぶと始めやすいでしょう。

草もの

山野草などの「草もの」の苗は、添えとして使うだけでなく、枝ものを使わない草盆栽にも使います。色や形状が異なるものを組み合わせるとお互いが引き立ち、小さな花や葉で細やかな景色をつくることもできます。

苗選びのチェックポイント

健康な苗を選ぶ

最も大切なのは健康状態のよいものを選ぶことです。葉が白っぽいものは病気の可能性があるので避けましょう。管理の状態が悪いと、葉が変色していたり、部分的に枯れていたりすることがあるので確認してください。

花が咲く前の苗を選ぶ

花ものは、時期を見て、花が咲く前の苗を選びましょう。時間をかけて育てていくなかで、つぼみをつけ、花を咲かせる過程が盆栽の面白さ。すでに咲いているものでは、楽しみも半減してしまいます。実ものでも同様です。

枝ぶりのよい苗を選ぶ

主木となる枝ものは、枝ぶりをポイントにして選びます。枝分かれが多く、細かな枝がたくさんあると、剪定で好みの樹形にしやすいでしょう。枝の曲がり方などに形に変化があるものも、楽しみの方の幅が広がります。

盆栽に使う土

市販されている園芸用土には、さまざまなものがあります。1種類の土では、栽培に必要な条件を満たすことができないので、何種類か合わせて用います。本来は、植物の特性や管理する環境に合わせて適切な配合が必要ですが、ここでは枝もの、草もの、どちらの植えつけにも適した基本の土の配合を紹介します。

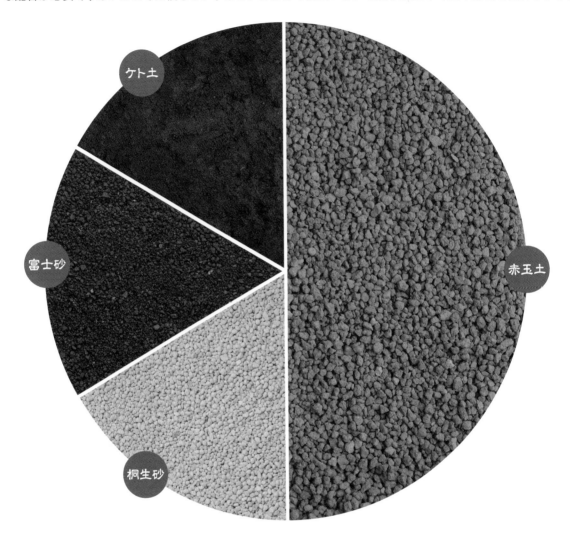

基本的な土配合

「赤玉土3:桐生砂1:富士砂1:ケト土1」が基本の組み合わせ

排水性と保水性の均整がとれた「赤玉土」を3、粒が硬く根の分岐を促す「桐生砂」を1、水はけがよい「富士砂」を1、保水性に富んだ「ケト土」を1の割合で配合します。これには、養分が含ま

れていないため元肥を入れます。その後、必要なタイミングで追肥しましょう。一般的な培養土は養分が多く含まれているため、根が張りすぎて根詰まりになることがあるのでお勧めしません。

●盆栽の用土の条件は、保水性・排水性・酸素が含まれやすい、の3つです。この保水性と排水性という相反する条件を満たすのが粒土です。小さい粒は水分をよく含んで保水力が高くなり、反対に大きい粒は粒の間の空間が大きくなり、排水がよくなります。

盆栽に使う化粧砂

鉢の表面に敷き詰める砂を化粧砂といいます。化粧砂は、ひとつの景色をつくり上げるうえで、大切な役割を果たします。異なる色や粒の大きさの違う砂を用いることで、植物だけでは表現しきれないイメージを伝えることができるからです。山なのか海や川なのか、季節の違い、さらには和の趣や都会的でモダンな雰囲気といったテイストも演出できます。また、化粧砂は土の乾き具合を確認するツールにもなります。苔に覆われていると土の水分量はわかりにくいですが、化粧砂が乾いていれば水やりの合図です。

化粧砂の種類

化粧砂には、火山礫（れき）の富士砂や川砂の桐生砂、砂礫が風化して生成された鹿沼土など用土にも使用されるものもあります。また、下記で紹介する以外にも、御影石や那智黒などの砂利も使われます。それぞれの特性を生かし、植物と組み合わせながら、思い描く景色を表現してみましょう。同じ砂や石でも色合いや粒の大きさに違いがあるので、イメージに合わせて使い分けてみてください。

錆砂利（さびじゃり）

表面が錆に覆われた茶系の色合いで、和の風情を表現するのに適します。鉢に錆がつくことがあるので、白磁の鉢などでは注意が必要。

燻し瓦細粒（いぶしかわらさいりゅう）

愛媛県今治市でつくられる菊間瓦が原料。瓦づくりの「燻す」（いぶ）工程による、銀色のいぶしの光沢が、砂に加工しても美しく残ります。

富士砂（ふじすな）

富士山溶岩の火山砂礫で保水性に優れています。苔の緑が映える黒色が特徴で、シックでモダンなイメージを演出できます。

矢作砂細粒（やはぎすなさいりゅう）

愛知県矢作川で産出される川砂。彩り豊かで温かみがあります。特に、寄せ植えや草ものにあしらうと上品で華やかな印象になります。

鞍馬砂（くらますな）

京都の鞍馬山から産出される鞍馬石を砕石する際に出る茶褐色の砂。希少なため、やや高価ですが、京都の石庭のような趣を出せます。

白砂細粒（しろずなさいりゅう）

茨城県北部から産出される寒水石を砕いて細粒化したもので、土の乾燥防止にもなります。白色で緑とのコントラストが美しい砂です。

盆栽に使う苔

　景色盆栽を仕立てるうえで、苔は重要な材料です。土の表面に苔を張ることで、高原や広場、丘陵、島など、いろいろな景色を表現することができます。また、種類や使い方によって、明るく広がる芝生のイメージ、しっとりと落ち着いた風情など醸し出す雰囲気にも広がりがあります。さらに、苔はその性質やスポンジのような構造上、吸水性と保水性に優れているので、鉢の中の環境を整えるうえで力を発揮することもあります。一方で、表土を覆うため、土の乾き具合がわかりにくくなるので注意しましょう。

苔の種類

　苔は世界中に分布していて、種類もとても多く、色や形状が多彩で、さまざまな景色や雰囲気を演出できます。しかし、種類によって好む生育環境も違うので、一緒に植える植物の生育環境との相性を考えて選びましょう。なかには、盆栽に向かないものや、植物に悪影響を及ぼすような種類の苔もあるので、盆栽の専門店で購入したほうが安心です。盆栽によく使われる苔を紹介します。

アラハオキナゴケ

ヤマゴケの一種で、その形状からマンジュウゴケとも呼ばれます。環境の変化に適応しやすく、屋内外を問わず使いやすいのが特徴です。

カモジゴケ

半日陰から日陰を好み、比較的使いやすい苔。葉は尻尾のような形状でふわふわ感があり、光沢のある美しい緑色が印象的です。

ハイゴケ

地を這うように生育することが名前の由来。黄緑から茶色っぽい色合いが特徴です。乾燥しすぎないよう注意し、真夏は遮光します。

スナゴケ

星のような形の葉が可愛らしい苔。葉は乾燥すると閉じ、水分を含むと広がって緑色になります。日当たりのよいところを好みます。

ヒノキゴケ

ホソバオキナゴケなどマット状の苔と比べて高さがあり、明るく柔らかい印象。直射日光や寒風を避け、多めに水分を与えましょう。

ホソバオキナゴケ

ヤマゴケの一種で、葉が密接して生えてマット状の群落を形成します。湿り気があると緑色が濃くなり、乾燥すると白みを帯びます。

春の景色盆栽

春は芽吹きの季節。芽吹きの姿はさまざまですが、どの植物もが美しく、力強い生命力にあふれています。そして、春は植物にとって大事な生長の時期でもあります。日ごとの変化を見守り、楽しみながら、大切にお世話してみましょう。花や実、紅葉など、これから見せてくれるいくつもの表情を思い描いて過ごす時間もまた、盆栽の醍醐味です。

アサヒヤマザクラ

華やかな八重咲きが美しい。
盆栽の代表的な桜で春を感じて

盆栽の桜といえば、アサヒヤマザクラといわれるほど代表的な品種。八重咲きの華やかな桜で、春の訪れを、ひときわ美しく演出してくれます。開花する姿を思い描いて、日々、大切に育ててきた桜だからこそ、屋内で楽しむお花見は、とても素敵な時間になることでしょう。

Point

八重咲きの花をたくさん咲かせるので、小さな木でも見応えがあります。自分が育てた木でお花見ができる喜びを味わってみてください。

お手入れのコツ

花の鑑賞時期以外は、屋外でしっかり育てましょう。日当たりがよく風通しのいい場所に置き、冬は寒さを体験させるようにします。

DATA

●旭山桜
／アサヒヤマザクラ
オオシマザクラから選出された園芸品種「サトザクラ」のひとつで、成長しても樹高2メートル程度にしかならないため、鉢植えや盆栽に向きます。ソメイヨシノより遅れて咲く八重咲きの花が美しいことで知られています。

科名	バラ科
原産地	日本
分類	落葉高木
鑑賞期	3月下旬〜4月上旬

リンポウザクラ

可愛らしい花と葉を楽しむ。
足元も桜色に彩って明るさをプラス

　バラ科の花を代表するような可愛らしい桜です。足元にはピンク色の化粧砂をあしらい、明るい雰囲気に仕立てました。開花と同時に葉も出るので、そのコントラストも美しく映えます。小さい葉で盆栽として遠近感が出しやすく、花のない時期の緑も楽しめます。

Point

足元にピンク色の化粧砂を使って、華やかさをプラスしました。可愛らしい桜で、明るい春の日を彩る盆栽に仕立てています。

お手入れのコツ

開花でかなりの力を消耗してしまうので、花の終わった後に肥料を与えるとともに、花がらは早いうちに取るようにしましょう。

DATA

●林宝桜／リンポウザクラ
マメザクラ系で改良された栽培種。雲竜型の枝にたくさんの花をつけ、同時に展葉する葉と白い花とのコントラストが美しい桜です。従来、庭木で多用されていましたが、葉が小さく、盆栽としても人気が出てきました。

科名	バラ科
原産地	日本
分類	落葉高木
鑑賞期	3月下旬〜4月上旬

ハナカイドウ

桜の後に咲き始める薄紅色の花。
次々に咲いて、春を長く彩る

　多くの桜が満開を過ぎる頃、咲き始める美しい花です。先端から順にゆっくりと咲かせる花は、つぼみから開花までのピンク色のグラデーションも美しく、長きにわたって春を彩ります。まだ小さい木ですが、模様木※のように仕立てていくのも素敵ではないでしょうか。

Point

桜に似た花ですが、順々に咲いていくので、長い期間、花を楽しむことができます。まだ小さい木ですが、模様木のような趣の盆栽です。

お手入れのコツ

日当たりのよい場所に置きましょう。柔軟性があり剪定も容易でさまざまなスタイルに挑戦できるので、花もの盆栽初心者にもお勧めです。

DATA

●花海棠／ハナカイドウ
日本での名称にも中国名の海棠が使われ、実がなるミカイドウと区別し、ハナカイドウとされました。半八重の花が垂れ下がるように咲きます。薄紅色の花の美しさは楊貴妃が眠る姿になぞらえ、海棠は美人のたとえとしても使われます。

科名	バラ科
原産地	中国
分類	落葉小高木
鑑賞期	4月中旬～5月上旬

　※模様木＝幹や枝が模様を描くように曲がりうねっている樹形のこと。

イボタ

自然の中で力強く立つ木をイメージ。細かい葉の美しい緑を愛でる

　強い風にさらされながらも力強く立つ自然の木をイメージした吹き流しの樹形をつくりました。流れるような枝ぶりの面白さを味わってみましょう。黄緑色の葉がきれいで、初夏に咲く白い花も可憐です。季節の移ろいとともに、その変化を楽しんでほしい木です。

Point

吹き流しの樹形に仕立てています。枝ぶりの面白さとともに、葉の色の変化、初夏の白い花など、四季を通して楽しめる木です。

お手入れのコツ

萌芽力※が強く剪定で枝が増えやすいうえ、針金かけにもよく耐えます。いろいろな樹形にチャレンジして、楽しんでみましょう。

DATA

●水蝋／イボタ

雑木林や山野に生える植物で環境適応性が強く、病害虫もつきにくく丈夫です。4月～6月に枝先に白く小さな四弁花をたくさん咲かせます。雌雄同花なので花がらを残しておけば結実し、秋には黒紫色に熟します。

科名	モクセイ科
原産地	日本、中国、朝鮮半島
分類	落葉低木
鑑賞期	4月中旬～11月末

※萌芽力＝芽吹いて生長する力。草花や樹木を切った後の休眠芽が伸びる力。

キヨヒメモミジ

箒状の丸い樹形が可愛いモミジ。四季折々の葉の変化を楽しんで

箒状の丸い樹形をつくりやすいキヨヒメモミジ。丸く可愛らしい姿と細かな葉の美しさに心惹かれます。モミジの見どころは秋の紅葉だけではありません。春の新緑から、夏の深い緑に移り変わっていく変化もまた楽しいものです。四季折々の趣を味わってみましょう。

Point

モミジの中ではめずらしく箒状の樹形になる、可愛らしい木です。特徴的な細かな葉の、四季折々の変化を楽しんでみてください。

お手入れのコツ

春の生長期に、四方八方にまんべんなく日光を当てると丸い樹形をつくりやすくなります。剪定に弱いので切り過ぎないよう注意します。

DATA

●清姫紅葉
／キヨヒメモミジ

八つ房性で葉が小さいことが特徴で、人気が高い品種。「安珍清姫伝説」で有名な道成寺の近くで見つけられたことが、「清姫」という名の由来といわれます。秋の紅葉だけでなく春夏の緑も美しく、四季を通じて楽しめます。

科名	ムクロジ科
原産地	日本
分類	落葉高木
鑑賞期	4月中旬〜11月末

ヒメウツギ

白く可愛い花がいっぱいに咲く。
春から初夏の里山の景色づくりにも

　ウツギは万葉集にも多くの歌が詠まれ、古くから初夏の花として親しまれてきました。小さなウツギ「ヒメウツギ」は寄せ植えなどにもよく使われます。小さな白い花をたくさん咲かせるので、里山をイメージさせるような景色盆栽に仕立ててみるのも楽しいのではないでしょうか。

Point

白く可愛い花は緑とのコントラストも美しく、初夏を彩ります。里山のようなイメージの景色盆栽を仕立ててみてはいかがでしょうか。

お手入れのコツ

暑さ寒さに強く、育てやすい丈夫な植物です。剪定にも強いので、いろいろな樹形に仕立てて楽しむことができます。

DATA

●姫空木／ヒメウツギ

河岸の岩の上や林縁など、日当たりのよい場所に自生しています。ヒメウツギの名は、ウツギに似ていて花が小さいことに由来しています。白い小花がそれぞれの枝で房状に咲き、最盛期には株全体を覆うように開花します。

科名	アジサイ科
原産地	日本
分類	落葉低木
鑑賞期	4月中旬〜6月

ヒナソウ

こんもりとした緑の中に咲く。
可憐な十字形の花々に癒される

　こんもり茂った緑の中に、可憐な花が咲き始めました。白い小さな花は、よく見ると可愛いらしい十字の形。冬から春にかけての花の寂しい時期に、足元を彩ってくれる花です。あえて、鉢の表面の土をそのまま見せて、葉っぱの緑の美しさも際立たせています。

Point

可憐な十字形の花が印象的な草もの盆栽です。足元はあえて土をそのまま見せて、こんもりと茂った葉の緑を際立たせています。

お手入れのコツ

日当たり、風通しのいい場所に置きましょう。葉が密集しているので、夏の高温多湿で蒸れてしまう場合があるので注意します。

DATA

● 雛草／ヒナソウ

日本には、明治時代に観賞用に輸入されたといわれています。小さな株を覆うように十字形の小花をたくさん咲かせます。花色は白や青紫、青色があります。開花時期は春から初夏ですが、秋冬に咲かせることもあります。

科名	アカネ科
原産地	北アメリカ東部
分類	常緑多年草
鑑賞期	通年

オカメヅタ

葉の形の面白さを楽しむ。
ツタの特性を生かしてインテリアに

　オカメヅタは、葉の形が「おかめ」に似ていることから名づけられたといいます。その形の面白さを味わってみましょう。ツタの魅力は、木や枝葉の流れの楽しさ。棚や高さのある台に置いて垂らしたりして、緑のインテリアとして楽しんでみてはいかがでしょう。

Point

葉の面白さを味わってみてください。ツタの特性を生かし、本棚や台から垂らしたり、物に絡ませたりして木の流れを楽しんでみましょう。

お手入れのコツ

丈夫で耐陰性が強いので、日向、半日陰のどちらでもよく育ちます。夏の強い日差しで葉が傷みやすいので注意しましょう。

DATA

●阿亀蔦／オカメヅタ
葉の形がおかめに似ていることが名前の由来。北アフリカのカナリー諸島が原産で、カナリーキヅタとも呼ばれます。分類上はツタ科ではなく、キヅタやアイビーの仲間です。強健で、痩せ地や乾燥地でも旺盛に生育します。

科名	ウコギ科
原産地	アフリカ
分類	常緑低木
鑑賞期	通年

ガマズミ

流れのある吹き流しの樹形。
四季折々に木の魅力を味わって

　秋を表現する花材として生け花にもよく使われるガマズミですが、初夏にはアジサイにも似た白い花を咲かせます。そんな木を吹き流しの樹形に仕立てました。風に耐えて立つ自然の木を想像しながら、葉の色や花、実など四季折々の魅力を存分に味わってください。

Point

吹き流しの樹形に仕立てています。春の新緑から初夏の花、秋の実から紅葉まで、季節の移ろいとともに変化する姿を楽しんでください。

お手入れのコツ

日陰でも育ちますが、花や実つきが悪くなるので日当たりのよい場所が望ましいです。間延びしやすいので、こまめに剪定しましょう。

DATA

●莢蒾／ガマズミ

日本の野山に広く自生する植物ですが、庭木としても使われています。新緑の頃に、枝の先端に小さな白い花をたくさん咲かせます。秋には紅葉や濃紅色の実が美しいので、生け花の花材としてもよく利用されます。

科名	レンプクソウ科
原産地	日本、中国、朝鮮半島
分類	落葉低木
鑑賞期	4月中旬～11月末

イワツル

美しい変化も楽しめる個性的な実。
実もの盆栽の面白さを存分に味わって

　秋が深まる頃、黄色く熟した実は3つに割れ、中から真っ赤な種子が顔を出します。その姿は可愛らしく、黄色と赤のコントラストもきれいです。この実を鑑賞する秋に向けて、春夏の花や緑を見守りながら、大切に育んでいく日々もまた、実もの盆栽の醍醐味です。

Point

実の色や形の変化も楽しく、落葉後もきれいな実が枝に残ります。お手入れも難しくないので、実もの盆栽を楽しみたい方にお勧めです。

お手入れのコツ

剪定して枝を整えることがあまり必要なく、枝づくりが容易です。雌雄異株なので、実を楽しみたいなら、雌株を選ぶようにします。

DATA

●岩蔓／イワツル

ツルウメモドキの仲間で、盆栽ではイワツルの名で呼ばれます。5月〜6月に黄緑色の小さな花が咲いた後、丸い実をつけ、秋に黄色く熟してから3つに割れて中から赤い種子が顔を出します。雌雄異株です。

科名	ニシキギ科
原産地	日本、中国、朝鮮半島
分類	落葉低木
鑑賞期	4月中旬〜11月末

レンギョウ

春を彩る黄色く連なる花。
緑の葉とのコントラストも魅力

　枝いっぱいに黄色い花を咲かせ、華やかに春の訪れを告げてくれる木です。剪定で枝を整えて、自然な樹形をつくりました。花が散る前に葉っぱが出るので、黄色い花と葉の緑とのコントラストも美しく、明るい春の雰囲気を存分に楽しむことができます。

Point

もとの枝ぶりを生かしながら剪定して整え、高低差のある自然な樹形にしました。春の訪れとともに咲く黄色い花がきわだちます。

お手入れのコツ

根が張りやすいので根詰まりを防ぐために、毎年根を切ることをお勧めします。剪定は強く刈り込まず、自然な枝ぶりを生かすとよいでしょう。

DATA

●連翹／レンギョウ

17世紀頃、日本に渡来したといわれています。桜の咲く頃に、枝垂れた枝いっぱいに黄色い四弁花を咲かせます。花と同時か、花が咲き終わる前に葉が出てきます。詩人、高村光太郎が愛した花としても有名です。

科名	モクセイ科
原産地	中国
分類	落葉低木
鑑賞期	4月中旬〜11月末

トサミズキ

春風に揺れる優雅な花の風情。
可愛らしい葉っぱも楽しめる木

　小さな淡い黄色の花が、垂れ下がるようにいっぱいに咲く姿には独特の風情があり、春の初めを優雅に彩ります。葉の形もきれいで、花の時期以外の鑑賞も楽しい木ではないでしょうか。模様木に仕立てると面白く、華やかさも出るので、さらに魅力が高まります。

Point

早春の花もきれいですが、葉の形も可愛らしい木です。模様木に仕立てると面白い木なので、ぜひチャレンジしてみてください。

お手入れのコツ

寒さに弱いので、冬は置く場所に注意します。花が咲いた後、根元から新芽が出てくるので、花が終わっても花殻は摘まないようにします。

DATA

●土佐水木／トサミズキ
高知県の山地に自生します。枝を切ると水気が多いこと、あるいはミズキに葉が似ていることから名付けられたようです。早春から黄白色の花を咲かせ、江戸時代から庭木や盆栽や生け花としても親しまれてきました。

科名	マンサク科
原産地	高知県
分類	落葉低木
鑑賞期	3月上旬〜11月末

31

チョウジュバイ シロバナ

春、白く可憐な花を咲かせる縁起木。可愛らしい葉の趣も楽しんで

　春に白い花を咲かせる長寿梅。花も葉も可愛らしく、ふんわり和ませてくれるような優しい雰囲気が漂います。縁起のよい名前を持つこの木を大切に育んでみてはいかがでしょう。一年に何度も花を咲かせ、長く楽しませてくれ、幸運を運んでくれるかもしれません。

 DATA

●長寿梅 白花
／チョウジュバイ シロバナ

ボケの一種。開花時期が長く、梅のような花が咲くことから「長寿梅」と名づけられました。その名前から縁起がよい花として人気があります。四季咲きで、育て方次第で、春から冬にかけて次々に花を咲かせます。

科名	バラ科
原産地	日本
分類	落葉低木
鑑賞期	通年

コゴメウツギ

初々しい新芽を眺めながら、米粒のような可愛い花を心に描く

　春、新芽を眺めながら、やがて咲かせる花を思い描くのは大きな楽しみです。この木に咲くのは、名前の由来にもなった、小さな米粒のような白く可憐な花。つぼみが見えてくるのはすぐそこです。日ごとに変化していく姿を大切に見つめてみてはいかがでしょうか。

第2章　春の景色盆栽

Point

新芽が伸びて葉が茂り、やがてつぼみをつけます。可愛い花が咲く初夏に向けての、そうした一つひとつの変化も楽しんでみましょう。

お手入れのコツ

日当たりのよい場所を好みます。ウツギは幹の中が空洞なので針金かけが容易で、剪定にも強く樹形を整えやすいのが特徴です。

DATA

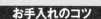

●小米空木／コゴメウツギ
日当たりのよい山野に自生します。根元から茎状の細い幹をいくつも立ち上げ、細い枝が枝分かれし、横に広がりながら生長します。小米（＝砕けた米）のような白く小さな花が咲くことからコゴメウツギと名づけられました。

科名	バラ科
原産地	日本、中国、朝鮮半島
分類	落葉低木
鑑賞期	4月中旬〜11月末

マユミ

紅葉と個性的な赤い実が美しい。
庭木として親しまれる木を盆栽に

弓の材料にもなったしなやかな木。初夏には小さな白い花を咲かせ、秋には鮮やかに紅葉して四角いサイコロのような可愛い実をつけます。季節ごとにさまざまな表情を見せ、庭木として古くから親しまれてきたこの木を盆栽仕立てにできる楽しさを味わってみてください。

Point

花や実、紅葉と見どころが多く、庭木として親しまれる木を盆栽に仕立てました。芽吹きも強く剪定も楽しむことができます。

お手入れのコツ

日当たりが悪いと花や実つきが悪くなります。乾燥しすぎると、実が落ちてしまうことがあるので夏場は特に気をつけましょう。

DATA

●真弓／マユミ

日本全国の山野に自生します。初夏の花は小さな4弁花であまり目立ちませんが、秋にはサイコロのような形の実が色づき、ピンクの葉色が少しずつ赤くなる紅葉もきれいです。古くから庭木として親しまれてきました。

科名	ニシキギ科
原産地	日本、中国、朝鮮半島
分類	落葉低木
鑑賞期	4月中旬〜11月末

メギ

季節ごとに変化する葉の色。
可憐な花や赤い実を楽しみましょう

　春の訪れとともに赤い新芽を出しました。季節が進むと、淡い黄色の可愛い花を咲かせます。そして、夏には赤かった葉は緑になり、秋には真っ赤な紅葉。美しい変化を見せてくれるこの木を盆栽に仕立てて、季節の移ろいを身近に感じてみてはいかがでしょうか。

Point

春の新芽から、夏の緑、そして紅葉へと葉色の変化を楽しんでみましょう。花や実も美しく季節ごとに見応えのある美しい木です。

お手入れのコツ

耐寒性、耐暑性に優れ、育てやすい植物です。鋭いトゲがあるので、植えつけや剪定などのメンテナンス作業には注意が必要です。

DATA

●目木／メギ

山地や丘陵の日当たりのよい場所に自生します。「目木」の名は、葉や樹皮を煎じて洗眼薬として用いたことに由来します。黄色い花、赤い新芽から夏の緑、秋の紅葉への葉色の変化、赤い実と鑑賞価値の高い植物です。

科名	メギ科
原産地	日本、中国、朝鮮半島
分類	落葉低木
鑑賞期	4月中旬〜11月末

ピンクノイバラ

素朴な花が自然の風景を想起させる。
好みの枝ぶりをつくる楽しみも

伸びやかな枝ぶりの趣を楽しめる盆栽に仕立てました。花だけでなく、枝づくりを楽しめるのもノイバラの盆栽の魅力です。春に咲くピンクの花は一般的なバラとは異なり、5枚の花びらの可愛らしい花。自然の中に溶け込むような素朴な雰囲気が漂い、心癒されます。

Point

野原に咲いていそうな可愛いピンク色の花をつけます。冬の剪定で、毎年、好みの枝ぶりをつくることができる楽しみがある木です。

お手入れのコツ

冬に剪定を行います。花は新しい枝につくので、株元から新しい枝が多く出ている場合は、古い枝から剪定し、新しい枝を残します。

DATA

●ピンク野薔薇
／ピンクノイバラ

ノイバラは日本各地の原野、河岸などに自生します。鑑賞用としてよりも、バラを増やす時の台木として利用されることが多い植物です。ノイバラの中で、5月〜6月にピンク色の花を咲かせる種がピンクノイバラです。

科名	バラ科
原産地	日本、朝鮮半島
分類	落葉低木
鑑賞期	4月中旬〜11月末

アキグミ

開花の後には秋の実を待ちながら、日々の変化を楽しむ実もの盆栽

　晩秋になると丸い実が赤く色づき、可愛らしい雰囲気を醸し出すグミ。その名からも伝わる通り、主に実を楽しむ植物ですが、春に咲く白い花は香りもよく、しだいに黄色味を帯びてくる変化もきれいです。日々、お手入れしながら、季節ごとの表情も楽しんでみましょう。

Point

実もの盆栽ですが、四季折々の美しい変化も魅力です。まだ小さい木なので、生長を見守りながら、毎年の花や実を楽しんでみてください。

お手入れのコツ

日当たりのよい場所を好みます。丈夫で萌芽力も強く、剪定にも耐えるので、初心者にもお勧めです。日々のお手入れを楽しみましょう。

DATA

●秋茱萸／アキグミ

日当たりのよい原野に自生します。春には、香りのよい白い花を咲かせ、秋には丸い実が赤く色づきます。完熟すれば食べられますが、やや渋みがあるので、多くは果実酒やジャムなどに加工して使われます。

科名	グミ科
原産地	日本、中国、朝鮮半島、台湾
分類	落葉低木
鑑賞期	4月中旬～11月末

盆栽をインテリアとして

現代生活のさまざまなシーンに彩りを添え、癒しを与える景色盆栽

　古くから盆栽は、お正月やお節句、季節の行事などの際に、床の間や玄関に飾られてきました。その空間にふさわしく盆栽をしつらえて飾ることには、深い情緒があります。そうした晴れの日の趣も大事にしながら、もっと気軽に、盆栽をインテリアとして日常に取り入れてみてはいかがでしょうか。バラエティーに富んだ景色を表現でき、鉢や器の種類、サイズの自由度が高い景色盆栽は、現代生活のさまざまなシーンにマッチします。

　苦労してつくり上げてきた、世界にひとつだけのオリジナルの景色盆栽。せっかくなら、作品がより可愛らしく映えるようにディスプレイし、美しく引き立つ場所を見つけて飾ってみましょう。玄関や和室はもちろん、リビングルームやキッチン、サニタリーにも飾ることもできます。玄関には、お客さまへのおもてなしの気持ちを込めて季節感のあるものを飾り、キッチンには小ぶりで緑が映えるものを、殺風景になりがちなサニタリーには遊び心のある演出をするなど、いろいろな工夫ができそうです。オフィスのデスクに置けば、疲れを癒すアイテムになってくれることでしょう。

　鉢を直接置くのではなく、お皿や飾り台の上に置いたり、モダンなアイテムと組み合わせたりすると、盆栽の表現する世界が広がります。家具などを鉢底のざらつきや水分で傷めるのも防いでくれますので、ぜひ効果的に用いましょう。高低差を使ったり、吊るしたりして飾ることで映える植物もあります。そ

景色盆栽をインテリアにして、屋内にいながら自然の中に身を置くような感覚を楽しんでください。

の盆栽がどうしたら素敵に見えるか、自由に発想してみてください。

　盆栽は、暮らしに季節の彩りを添えてくれます。景色盆栽の表現する自然の風景の中に、誘われるような心地よさを、ぜひ感じてみてください。そしてまた、屋内のさまざまなシーンに飾ることは、大切に育ててきた盆栽の美しさを再認識するチャンスにもなります。愛おしさも増してくるに違いありません。

第3章

夏の景色盆栽

夏の暑さは、人間と同じように多くの植物にとって辛いものです。そのなかにあっても、鮮やかに葉を茂らせる木々には、励まされるような気持ちになります。そして、さりげない野山の景色にさえ、うれしい発見があったりします。そんな自然の姿を小さな鉢の中に表現した景色盆栽は、暑苦しい夏の日々に爽やかな風を招き入れてくれます。

コハウチワカエデ

大自然の中に立つ樹木をイメージ。
四季折々、変化する表情を楽しむ

　朽ちた流木の持つ味わいと根や枝ぶりの特徴を生かして、倒木が横たわり、木が生い茂る深い森を想起させる景色をつくりました。たとえば、屋久島のような大自然の中で、隣に立つ大木から逃れるように枝を横に伸ばし、葉を茂らせる力強い木のイメージです。

■ **お手入れのコツ**

コンパクトなサイズを保ちながら幹の太い木にするには、新芽を切る必要があるので、4月〜6月頃に剪定することをお勧めします。

DATA

●小羽団扇楓
　／コハウチワカエデ

葉の形が天狗の持つ羽団扇（ハウチワ）に似ていることから、その名がつきました。もともと黄色の色素が多く、紅葉は黄みを帯びた赤になりがちですが、逆に、季節ごとに多彩な色合いを楽しめるのも魅力のひとつです。

科名	ムクロジ科
原産地	日本
分類	落葉小高木
鑑賞期	4月中旬〜11月末

ニレケヤキ

岩場のある川辺の景色をイメージ。
伸びた枝の下にせせらぎを聞いて

　石つきにすることで、深い森の奥にある川べりの岩場のような景色をつくりました。足元には中粒の矢作砂を使い、さらに水辺の雰囲気が際立つよう演出しています。つややかな葉を茂らせ、大きく横へと伸びた枝の下に、流れる川のせせらぎが聞こえてきませんか。

Point

石を使うことで、岩場のような景色をつくるのと同時に、高低差を出して、個性的な樹形をより立体的に楽しむことができます。

DATA

●楡欅／ニレケヤキ

秋に花を咲かせることから、アキニレとも呼ばれます。花はクリーム色で、11月頃には実をつけます。肉厚で光沢のある小さな葉が魅力で、春先の芽吹き、鮮やかな新緑、秋の黄葉と、四季折々にその美しさを楽しめます。

お手入れのコツ

土が乾いたら、たっぷり水やりを行いましょう。生長が早くこまめな剪定が必要なので、剪定を楽しみたい初心者にもお勧めです。

科名	ニレ科
原産地	日本、中国、朝鮮半島
分類	落葉高木
鑑賞期	4月中旬〜11月末

カシワ

郷愁を誘う葉っぱの表情を
遊び心あるモダンな演出で楽しむ

　柏餅を包むことで知られるカシワの葉。端午の節句や幼い頃の思い出などが浮かんでくるのではないでしょうか。本来、直立する幹を斜めに伸ばすことで、葉の表情を豊かに見せています。化粧砂には富士砂を用いて、緑との対比でモダンな雰囲気を出しています。

DATA

●柏／カシワ
春に花を咲かせ、秋には硬い皮の実（堅果）を落として子孫を増やします。翌春に新葉がそろうまで古い葉が落ちないことから、子孫繁栄を象徴する縁起のよい木とされ、端午の節句の柏餅にも使われるようになりました。

科名	ブナ科
原産地	日本、中国
分類	落葉高木
鑑賞期	4月中旬～11月末

お手入れのコツ

大きな葉には存在感があり、一枚失っても全体のバランスが崩れてしまいがちです。病害虫対策をしっかり行って葉を守りましょう。

ヤブデマリ・ヤクシマショウマ

初夏の爽やかな緑と風を感じる
野山の風景をカタチに

　春の花の季節が終わる頃には、下草が茂り、足元に緑が広がります。そんな初夏の野山の景色をイメージし、ヤブデマリとヤクシマショウマを合わせて植えました。基本的には、春から秋の紅葉まで楽しめる寄せ植えですが、冬の立ち枯れた姿にも趣があります。

お手入れのコツ

耐寒性、耐暑性に優れており、育てやすい植物ですが、きれいな花や実を楽しむためには、肥料を十分与えることをお勧めします。

Point

ヤブデマリの花が咲く季節が終わる頃、ヤクシマショウマが足元で小さな花を咲かせます。初夏の風が感じられる景色をつくりました。

 DATA

●薮手毬／ヤブデマリ

薮に生えて手毬のような花を咲かせることが名前の由来とされるヤブデマリは、5月から6月に、アジサイに似たきれいな花をびっしり咲かせます。夏に赤い実をつけ、秋には黒紫色に熟します。紅葉もきれいです。

科名	スイカズラ科
原産地	日本
分類	落葉低木
鑑賞期	4月中旬～11月末

 DATA

●屋久島升麻
　／ヤクシマショウマ

名前が示すように屋久島にだけ生育する固有種で、アカショウマの変種です。草丈は5～50センチくらいで、7月～9月に茎先に円錐花序（枝分かれして全体が円錐状に見える）を出し、白から淡紅色の花をつけます。

科名	ユキノシタ科
原産地	鹿児島県屋久島
分類	多年草
鑑賞期	4月中旬～11月末

イロハモミジ

季節ごとに移り変わる彩りを独創的な立ち姿とともに楽しむ

　モミジは紅葉の美しさから秋の季語になっていますが、明るい新緑が深い緑に移り変わる季節にも見応えがあります。この作品では、流木を用いて細い幹を立派に見せ、樹形の面白さを際立たせました。葉の色の変化が、個性的な木にさらに豊かな表情を与えます。

Point

流木を幹に巻きつけ、木の面白さを見せています。将来的には木を一体化させ、大木のような風格が感じられる姿につくり上げます。

お手入れのコツ

落葉樹は、針金をかけると生長期1カ月くらいで木肌に食い込み、傷ができてしまいます。タイミングを見て、事前に外すようにします。

DATA

●伊呂波紅葉
　／イロハモミジ

日本のモミジの原種で、葉が5〜7つに大きく裂けることから、イロハニホヘトの文字を当て、イロハモミジと呼ばれるようになりました。春の芽出しとともに、枝先に垂れ下がるように5ミリほどの深紅の小花を咲かせます。

科名	ムクロジ科
原産地	日本
分類	落葉高木
鑑賞期	4月中旬〜11月末

ヤマモミジ

二本のモミジが寄り添う姿から優しい世界が広がっていく

大小二本のモミジの木を組み合わせて寄せ植えにすることで、まるで夫婦のような、あるいは親子のような雰囲気が漂う世界観が生まれます。四季の変化のなかで、二本が寄り添うカタチだからこそ醸し出される、絶妙なニュアンスを楽しんでいただけるでしょう。

Point

二本立ちで、バランスのいい寄せ植えとしました。紅葉が終わった後も、二本の木が織りなす佇まいを楽しむことができます。

お手入れのコツ

モミジ全般、同様ですが、春は日当たりや風通しのよい場所に置き、真夏は葉焼けさせないよう、なるべく日陰に置くようにします。

DATA

●山紅葉／ヤマモミジ

日本を代表するモミジのひとつで、イロハモミジとよく似ていますが、葉はイロハよりも大きく、切れ込みが浅いのが特徴です。陽の当たり具合で葉の色づき方は異なり、特に紅葉の初期は、その微妙な変化がきれいです。

科名	ムクロジ科
原産地	日本
分類	落葉高木
鑑賞期	4月中旬〜11月末

ナツハゼ

清らかな水辺に育ちゆく木に、ダイナミックな自然を感じて

　株が分かれていることで微妙なニュアンスが生まれ、一本で十分に存在感がある木です。さらに流木を大胆に用いることで、より強く自然の景色を意識した作品です。足元には、やや大粒の矢作砂とホソバオキナゴケを使い、水辺の涼やかな佇まいを表現しました。

Point

個性的な流木の形状を生かし、本来の枝ぶりをよりダイナミックに見せることで、自然の中にある木のような面白さを出しています。

お手入れのコツ

日陰や暗い場所に置くと、葉が緑色に戻ってしまうので、赤く色づいた葉を楽しむためには、日当たりのよいところに置きましょう。

DATA

●夏櫨／ナツハゼ

夏にハゼノキのように紅葉することから、ナツハゼと呼ばれます。新芽も赤みを帯びており、日光を十分に浴びると夏にはさらに赤くなります。実はブルーベリーの仲間で、秋には果実が黒色に熟し食べることができます。

科名	ツツジ科
原産地	日本、中国、朝鮮半島
分類	落葉低木
鑑賞期	4月中旬〜11月末

ハナツクバネウツギ

樹形を思いのままに変化させて、季節ごとの華やかな彩りを楽しむ

　木の特性を生かし、自由に剪定を楽しんで欲しい盆栽です。ハナツクバネウツギのなかでも、斑が入った品種（別名フイリアベリア）を使い、華やかさを出しています。季節ごとに、葉には緑や白、ピンクとさまざまな色が現れ、初夏にはきれいな白い花を咲かせます。

Point

この木の持つ華やかな特性を存分に楽しめるよう、シンプルな樹形をつくり、足元を鮮やかな緑のホソバオキナゴケで覆いました。

DATA

●花衝羽根空木／ハナツクバネウツギ

中国産のシナツクバネウツギの交配種で、大正時代に日本に渡ってきました。暑さ寒さや乾燥に強く、強い剪定にも耐えるので、公園や道路脇などによく植栽されます。園芸的には、アベリアと呼ばれることが多いです。

科名	スイカズラ科
原産地	中国
分類	落葉低木
鑑賞期	4月中旬〜11月末

お手入れのコツ

生長が旺盛なので、こまめな剪定が必要ですが、強い刈り込みが可能なので、さまざまな樹形にチャレンジできる楽しみがあります。

47

ナンテン

爽やかな緑が涼しげな風を運ぶ。
夏にも縁起物の木を楽しんで

真っ赤な実をつける冬に、寄せ植えや生け花によく使われますが、春から夏にかけての葉の生き生きとした明るい色も魅力です。その爽やかな葉の色合いを楽しんでいただく盆栽です。暑い夏、縁起物でもあるナンテンを眺めて、リフレッシュしてはいかがでしょう。

Point

盆栽としての魅力に加え、縁起木を身近に置いていただくことで、晴れやかな気分を味わっていただけるのではないでしょうか。

お手入れのコツ

暗いところや日陰に置いておくと、徒長※しやすいので、春から夏にかけては、十分に日光に当てるようにすることが大切です。

DATA

●南天／ナンテン

和名のナンテンは漢名「南天燭」の略といわれます。ナンテンは難を転ずることにも通じることから、縁起木、厄よけとされてきました。夏に白い花を咲かせ、秋には紅葉し、晩秋から冬にかけて真っ赤な実をつけます。

科名	メギ科
原産地	日本、中国
分類	常緑低木
鑑賞期	通年

※徒長（とちょう）＝茎や枝が必要以上に間延びすること。

ハゼ

小さな林を暮らしの中に置いて、優しく自然を招き入れる

　まっすぐに伸びた幹の上部に葉をつける木の特徴を生かして、小さな林のような風情のある景色をつくりました。自然の中になら、どこにでもあるような林の景色ですが、お部屋の中にひとつ置いてみただけで、慌ただしい日常の空気を変えてくれるような気がします。

Point

季節ごとにさまざまな趣のあるハゼを林仕立てにしました。夏の緑から秋、深紅の紅葉へと変化する林の景色を楽しんでください。

お手入れのコツ

うどん粉病にかかりやすいので、風通しのいいところに置きましょう。生育期は樹液が出てかぶれやすいので、落葉後の剪定がお勧めです。

DATA

●櫨／ハゼ

5月～6月に黄緑色の小花を咲かせます。真っ赤な紅葉が美しく、俳句の世界では「櫨紅葉」と呼ばれ、秋の季語にもなっています。実から採取されるロウは、和ロウソクやツヤ出しの原料になり、ロウノキとも呼ばれます。

科名	ウルシ科
原産地	中国、台湾、東南アジア
分類	落葉小高木
鑑賞期	4月中旬～11月末

キンメニレケヤキ

巨木のような風格が漂う
おおらかな木を目指して

　キンメニレケヤキの持つ上品な雰囲気を生かしながら、ダイナミックに枝葉を広げる大木を想起させるような盆栽としました。剪定をして好みの樹形に整えるトピアリー（樹木を刈り込んで、立体的に仕立てた造形物）のような楽しみに加え、細かな葉の手触りも心地よく、身近に置いて世話を焼きたくなる木です。

お手入れのコツ

風通しのよいところに置きましょう。徒長したら、上の葉切りを行って、樹形を保ったり、好みの形に整えたりするといいでしょう。

DATA

●金芽楡欅
　／キンメニレケヤキ
斑入りのニレケヤキで、一般的なニレケヤキより、少し黄味がかった細かい葉が特徴です。春の芽吹きから新緑へ、さらに秋の紅葉へ、季節ごとに変化する葉の色とともに、細かな葉の感触も楽しむことができます。

科名	ニレ科
原産地	日本、中国、朝鮮半島
分類	落葉高木
鑑賞期	4月中旬〜11月末

カエデ

葉のカタチの面白さを生かして、奥行きのある樹形で四季を楽しむ

　幹を横に倒して、個性的な葉を上向きに見せる味わいのある樹形をつくりました。そこに佇み、あるいは木の下をくぐって歩きながら、四季折々に美しく変化する景色を楽しめるようなイメージです。化粧砂には粗めの矢作砂を用い、木の存在感を際立たせています。

Point

幹を横に伸ばした樹形の趣深さとともに、葉のカタチの面白さや季節ごとに移り変わる色彩の変化を楽しめる景色をつくりました。

お手入れのコツ

丈夫で育てやすいですが、生育が旺盛なので、徒長枝や混み合った枝の剪定などをこまめに行い、樹形を整えることが必要です。

DATA

●楓／カエデ

葉がカエルの手に似ていることからカエルデと呼ばれ、それがカエデに変化したのが名前の由来とされます。新緑から紅葉への葉の変化が美しいのはもちろん、葉の落ちた冬枯れの幹にも趣があり、四季を通じて楽しめます。

科名	ムクロジ科
原産地	日本
分類	落葉小高木
鑑賞期	4月中旬〜11月末

コバギボウシ・チドメグサ

さりげない夏の野山の風景。
手のひらサイズの自然を楽しんで

　夏の野山の足元に広がるさりげない景色を、そっと切り取って持ち帰ってきたイメージです。自然の中に溶け込むような作品ですが、むしろ、コンクリートの打ちっぱなしなど無機質な場所に置くと魅力が引き立ち、都会の暮らしに優しい風を招き入れてくれます。

Point

野山の足元に広がる風景をイメージして、2種類の草ものをバランスよく組み合わせ、手のひらサイズの景色盆栽をつくりました。

DATA

●小葉擬宝珠／**コバギボウシ**
世界の温帯地域で栽培され、約40種類あるといわれるギボウシ属の1種。葉が小さく、夏に咲く花に青紫色のすじが入っているのが特徴です。葉は冬には枯れて休眠しますが、太い根茎があり、年ごとに活発に繁殖します。

科名	キジカクシ科
原産地	東アジア
分類	多年草
鑑賞期	4月中旬〜11月末

●血止草／**チドメグサ**
葉を揉んだ汁を傷につけると血が止まることから、この名がついたといわれます。地面にへばりつくように繁殖しますが、高低差があると、つる性に伸びて垂れてくるので、鉢を棚の上などに乗せて飾っても楽しめます。

科名	ウコギ科
原産地	日本
分類	多年草
鑑賞期	4月中旬〜11月末

お手入れのコツ
室内に置きっ放しにすると蒸れてしまうので、定期的に外に出しましょう。丈夫なので、弱ってきても外に出しておくと回復します。

コウチョウギ

根上がりの樹形の趣とともに
咲きほこる可憐な花と緑を愛でる

　根上がりの風情ある佇まいと、細かな枝いっぱいに咲きほこる可愛らしい花を、四季折々に楽しめる盆栽です。常緑で四季咲きなので、いつでも明るい彩りがあります。剪定を楽しみながら、好みの樹形をつくっていくと、さらにその魅力が高まっていくことでしょう。

Point

繰り返し咲く花と、四季を通じて楽しめる緑。その美しさと根上がりの樹形の面白さを重ね合わせ、風情ある佇まいとしています。

お手入れのコツ

枝の先端に花が咲くので、花が終わったら剪定をして花芽をつきやすくします。刈り込みに強いので好みの樹形をつくりやすいのが特徴です。

DATA

●香丁木／コウチョウギ

植え替えの時に根を切ると香りがあり、それが名前の由来といわれています。四季咲きで、基本的には春と秋の2回、白または淡いピンクの花をつけます。とても花つきがよく常緑なので、四季を通して楽しめる木です。

科名	アカネ科
原産地	中国、台湾、東南アジア
分類	常緑低木
鑑賞期	通年

チョウジュバイ アカバナ

長く花を咲かせる縁起木の夏。
葉を際立たせ、明るく爽やかに

　縁起の良い名を持つこの木の夏の魅力は、なんといっても可愛らしい葉です。その表情を際立たせるために、足元をホソバオキナゴケの緑と明るい白砂で、爽やかに演出しました。花の期間を楽しむだけでなく、葉の美しさに惹きつけられ、心癒される盆栽としました。

可愛らしい葉の表情を生かすことができるよう、シンプルな樹形とし、化粧砂には白砂を用いて、夏らしい明るさを出しています。

お手入れのコツ

枝が伸びすぎると花芽がつかないので、適宜、剪定しましょう。肥料を十分与え、咲き終える前に花がらを摘むことをお勧めします。

DATA

●長寿梅 赤花
　／チョウジュバイ アカバナ

ボケの一種。四季咲きで開花時期が長く、梅のような花が咲くことから「長寿梅」と名づけられました。その名前から縁起のよい花として人気があります。花期は基本的に秋から冬ですが、育て方次第で春夏にも咲きます。

科名	バラ科
原産地	日本
分類	落葉低木
鑑賞期	通年

ヤツフサエゾマツ

北の地に思いを馳せて、ミニチュアサイズに凝縮した自然

　北海道の自然をイメージさせる木を用いて、可愛らしいミニチュアサイズの盆栽をつくりました。つい手のひらに乗せて、眺めてみたくなるのではないでしょうか。密集した枝や葉が剪定の楽しみを広げてくれます。ぜひ、自分好みの樹形をつくってみてください。

Point

手のひらサイズの可愛らしい盆栽としました。枝葉が密集しているので、自分好みに剪定して、面白い木をつくる楽しみがあります。

お手入れのコツ

乾燥を嫌うので、水をたっぷり与えてください。日当たり、風通しのよい場所に置き、冬は冷たい風に当たらないように保護します。

DATA

●八つ房蝦夷松／ヤツフサエゾマツ

あまり大きくならず枝葉が小さい八ツ房性のエゾマツです。針葉が房のように密に生えているので、盆栽をつくる際にボリューム感がでます。エゾマツは北海道の木に指定されていることから、北国をイメージしやすいでしょう。

科名	マツ科
原産地	日本
分類	常緑小高木
鑑賞期	通年

レンザンヒノキ

可愛らしい姿を追求しながら、芝生の広がる丘に立つ大木を描く

　緑豊かな丘に立つ大きな木をイメージしています。苔を貼ることで、芝生の広がる景色を想起させるとともに、保水性を高めてお手入れをしやすくし、木そのものの可愛らしさをさらに引き立てました。モダンなインテリアのように楽しめる小さな緑の盆栽です。

Point

一年中、緑を楽しめる可愛らしい盆栽です。保水性の高い苔を貼ることで、初心者でも木を枯らすことなく維持しやすくなります。

お手入れのコツ

葉が密集して蒸れやすく、蒸れると内側が枯れる可能性があります。風通しのよいところに置き、定期的に中を掃除するとよいです。

DATA

●連山檜／レンザンヒノキ
春から夏に新芽が出る常緑の木です。細かな葉が密集して茂り、もこもことして山が連なっているように見えることから、その名がつきました。可愛い印象の木ですが、小さい木で大木感を表現できる魅力があります。

科名	ヒノキ科
原産地	日本
分類	常緑高木
鑑賞期	通年

第4章

秋の景色盆栽

秋には、さまざまな木の葉が色づいてきます。その色彩は、植物ごとに、さらには一本一本が異なり、日ごとに変化します。景色盆栽に仕立てて、暮らしの中で紅葉を楽しんでみてはいかがでしょう。一方で、寂しげな季節には、生き生きした緑の葉を茂らせる木に、元気をもらえることもあります。秋、思い思いに植物の魅力を感じてください。

コナラ

くねくねと曲がる幹や枝に
風雨や生き物の気配を漂わせて

　雑木林を思い浮かべてみましょう。木は強い雨や風にさらされ、クマなどの生き物たちに踏み倒されることもあります。厳しい環境で、曲がりくねりながらも上へ上へと伸びていく木。そんな自然の中の1コマを切り取ってきたような、楽しい雰囲気に仕立てています。

Point

雑木林にふさわしく、厳しい自然の中でたくましく生きる木をイメージ。木の面白さを味わうことのできる模様木※に仕立てています。

お手入れのコツ

半日陰程度には耐えることができ、乾燥にも強いのが特徴です。成長が早く剪定に強いので、たとえ失敗しても、何度もチャレンジすることができます。

DATA

●小楢／コナラ

雑木林を代表する木。雌雄同株で4～5月に雌雄それぞれの花が咲き、秋には、黄色から褐色に紅葉、ドングリができます。ドングリが生き物の食糧となるほか、シイタケの原木、薪、家具材としても利用されます。

科名	ブナ科
原産地	日本、中国、朝鮮半島
分類	落葉高木
鑑賞期	4月中旬～11月末

　※模様木＝幹や枝が模様を描くように曲がりうねっている樹形のこと。

トクサ

ストレートなラインが際立つ。
シンプルでモダンな緑を暮らしに

　まっすぐに伸びるライン
が魅力のトクサは、そのシ
ンプルさゆえに、景色盆栽
の世界では、さまざまな植
物と組み合わせられます。
この作品は、あえて直線的
な美しさを際立たせて現代
生活にマッチする、常緑の
モダンなインテリアのよう
に仕立てました。

Point

竹林に見立ててお正月の寄せ
植えに用いられることも多い
トクサを、現代の日常にマッ
チするモダンな雰囲気に仕立
てています。

お手入れのコツ

丈夫な植物なので特別な手入
れは必要ありませんが、美し
く育てるためには、季節ごと
に脇から出てくる小枝を摘む
とよいでしょう。

DATA

●木賊（砥草）／トクサ
スギナ（つくし）の仲間で生命
力が強く、地中に地下茎を伸ば
し、そこから茎が直立します。
茎の表面がザラザラしている
ので、かつては木材や爪など
を砥ぐ研磨剤として使われ、そ
れが名前の由来となりました。

科名	トクサ科
原産地	日本、北半球の温帯地域
分類	多年草
鑑賞期	通年

サンザシ

初秋の景色をまとった模様木。
移り変わる実や葉の色を楽しんで

　幹が前後左右に曲がりくねった樹形の面白さを見せる、いわゆる模様木の盆栽としてつくりました。秋の初めに実が赤くなり、葉も次第に色づいていきます。寒さを重ねるごとに変化する実や葉の美しさに、深まりゆく秋をしみじみと感じられることでしょう。

DATA

●山査子／サンザシ
5月頃に白い花を咲かせるサンザシは、その開花時期から、メイフラワーとも呼ばれます。秋には紅葉し、夏につけた実が赤く色づいてきます。落葉後、木の上に赤い実が残る姿も印象的で、生け花にもよく使われます。

科名	バラ科
原産地	中国
分類	落葉低木
鑑賞期	4月中旬〜11月末

イチョウ

街中の並木道にあるイチョウ。
可愛らしい木にして手元に置いて

　街中でもよく見かけるイチョウは、親しみのある木。その特徴的な葉の形をきれいに見せ、曲がった樹形をつくって可愛らしく演出した作品です。秋の深まりとともに、黄色く色づく葉を眺め、寂しげな季節の中でも思わず笑みがこぼれるような景色をつくりました。

Point

ユニークな樹形で可愛らしく演出しました。街中で見かけるイチョウを、手元に置ける楽しさを感じられるのではないでしょうか。

第4章　秋の景色盆栽

お手入れのコツ

日当たりと風通しのよい場所で育てます。夏の強い日差しには当てず、秋になったら再び日に当てることで黄葉が美しくなります。

DATA

●銀杏／イチョウ

雌雄異株で、それぞれ雄花、雌花のみを咲かせます。街路樹のほか、神社仏閣では巨木も見られます。晩秋の黄葉、種子の銀杏（ぎんなん）で馴染みの深い木ですが、約2億年前の中生代ジュラ紀に栄え、現在まで種を絶やさず続く貴重な植物です。

科名	イチョウ科
原産地	中国
分類	落葉高木
鑑賞期	4月中旬〜11月末

ムラサキシキブ

紫の実の重みにたわむ枝。
その趣に秋のもの哀しさを重ねて

　秋には、崖や水辺に垂れ下がる枝に、たくさんの紫色の実をつけるムラサキシキブ。そんなの野山の景色を切り取ってきたイメージで仕立てました。秋の深まりとともに、実をつけた枝はたわみ、葉は黄色に染まっていきます。その美しい姿にはどこか哀愁が漂います。

Point

あえて化粧砂を使わず、用土の赤玉を少し見せて自然感を演出し、枝をたわませ紫色の実をつける情緒ある佇まいを際立たせました。

お手入れのコツ

湿気のある環境を好むので、たっぷり水を与えてください。水はけにも注意し、土の表面で乾燥がわかるようにしておくとよいでしょう。

DATA

●紫式部／ムラサキシキブ
紫色の実が特徴的ですが、6月〜7月には薄紫色の花をつけます。和名の由来は平安時代の作家「紫式部」ですが、江戸初期以前には「実紫（ミムラサキ）」、「紫敷き実（ムラサキシキミ）」などと呼ばれていたようです。

科名	シソ科
原産地	日本、朝鮮半島、台湾
分類	落葉低木
鑑賞期	4月中旬〜11月末

イワシデ

自然の中の雑木をイメージ。
奔放に枝葉を伸ばす面白い木に

　強い生命力を感じさせる雑木の姿を思い描き、自由奔放に枝葉を広げる木をつくりました。秋の初め、色づき始めた葉が季節の変わり目を知らせてくれます。それは次第に、黄色やオレンジ色を残したグラデーションのある、美しい紅葉へと移り変わっていきます。

Point

こぢんまりとした樹形に整えるのではなく、自然の雑木をイメージしながら、伸びやかに枝葉を広げる面白い木に仕立てました。

お手入れのコツ

丈夫で初心者にも育てやすい木です。成長が早いので、失敗を恐れずに、さまざまな剪定にチャレンジして楽しんでみましょう。

DATA

●岩四手／イワシデ

岩壁や崖地の岩の割れ目などにも根を張り生育することのできる生命力のある木です。シデの中では葉が小さめですが、幹肌には独特な渋い魅力があり、人気があります。シデは盆栽の世界ではソロとも呼ばれます。

科名	カバノキ科
原産地	日本、朝鮮半島
分類	落葉小高木
鑑賞期	4月中旬～11月末

オウゴンメギ

季節とともに色彩が変わる
葉っぱの可愛らしさを楽しむ

　小さな可愛らしい葉が魅力のメギ。そのなかでも黄緑色の明るい葉を持つオウゴンメギは、夏には葉の緑を深め、秋には黄みがかったグラデーションの美しい紅葉をします。葉の可愛らしさが際立つユニークな樹形で、四季折々に変化する姿を楽しめる作品としました。

Point

細かい葉が密集する可愛らしさ、移り変わる葉の色の美しさを存分に楽しめるよう、枝の方向や葉のつき方を設計してつくりました。

お手入れのコツ

日当たり、水はけのよい環境が適しますが、半日蔭程度の日照があれば十分育ちます。枝にトゲがあるので取り扱いに注意しましょう。

DATA

●黄金目木／オウゴンメギ

美しい葉と花、紅葉、果実と、1年を通じて観賞でき、刈り込みにも強いので、生垣や庭木としても栽培されます。和名の「目木」は、かつて、この木の葉や樹皮を煎じて洗眼薬として利用されたことに由来しています。

科名	メギ科
原産地	日本
分類	落葉低木
鑑賞期	4月中旬〜11月末

ケヤキ

広場にそびえる大木をイメージ。おおらかに育てて楽しんで

　ケヤキには、シンプルにまっすぐ立つ大木の印象があるのではないでしょうか。そのイメージ通りに、たとえば、広場のシンボルツリーになるような、おおらかな木を思い描いて育ててみましょう。芽吹き、新緑、紅葉と季節とともに移り変わる姿を楽しんでください。

Point

伸びやかにおおらかな感じの木に育てて楽しみましょう。秋が深まる頃には、黄色やオレンジ色など彩り豊かな紅葉が見られます。

お手入れのコツ

生長が早い木なので、思い切って剪定してしまうと、反動で伸びすぎてしまうことがあります。強い剪定は避けたほうが無難です。

DATA

●欅／ケヤキ

温帯の丘陵や山地の谷沿いなどに広く分布します。ほうきを逆さにしたような樹形と、30メートルに達する高木となることから、緑陰樹※として公園に植えられたり、街路樹として用いられたりして、人々に親しまれています。

科名	ニレ科
原産地	日本、中国、朝鮮半島、台湾
分類	落葉高木
鑑賞期	4月中旬～11月末

※緑陰樹＝広場や道路、公園などに日陰をつくる目的で植栽される樹木のこと。

ヒメサルスベリ

小さいながらも自然を楽しめる木。
花も紅葉も手のひらの中に

　真夏に可憐な花を咲かせるサルスベリは、秋には美しく紅葉します。四季折々の自然を感じさせてくれる木を、小さなサイズに仕立てました。好みの樹形に整えながら育てていく過程には、年ごとに、季節ごとに、新たな変化を見つける楽しみがあることでしょう。

Point

花が少ない真夏に花を咲かせ、紅葉もきれいです。手のひらサイズで楽しめる自然を身近に置いて、育てる喜びを感じてみましょう。

お手入れのコツ

剪定の際に、花芽を切ってしまわないよう注意しましょう。特に初心者は慎重に、花が咲いていない枝を見極めて剪定してください。

DATA

●**姫百日紅／ヒメサルスベリ**
木登りが得意な猿でも登るのが難しいほど、幹肌がツルツルしていることから「猿滑り（サルスベリ）」と名付けらました。夏に花が咲く貴重な木で、花期が長いことから「百日紅（ヒャクジッコウ）」とも呼ばれます。

科名	ミソハギ科
原産地	中国
分類	落葉小高木
鑑賞期	4月中旬〜11月末

フジブナ

自然の中で種から芽吹き、力強く生き始めた木の姿を表現

さまざまな植物や昆虫、動物など多種多様の生物が共存する豊かな森が、この木の故郷です。そこで今、種から芽吹き、力強く伸び始めたばかりの木をイメージしました。秋に色づいた葉を落とさないまま冬へと向かう、そうした独特の景色を楽しんでみてください。

Point

自然の中で、種から芽を出して力強く育っていこうとする木をイメージしました。背景にある豊かな森も想像してみてください。

お手入れのコツ

湿気のある土を好むので乾燥しないように注意します。葉は落下せずに枝に残り、冬芽を守ります。無理に取らず自然にまかせましょう。

DATA

●富士橅／フジブナ

ブナは日本全国の山地に自生し、動物を養う環境の優れた森を形づくっています。自生地によって葉の形などが違い、富士山の麓に自生するものをフジブナといい、小葉性で樹皮が白くなることから盆栽に好まれています。

科名	ブナ科
原産地	日本
分類	落葉高木
鑑賞期	4月中旬〜11月末

67

シマトネリコ

多くの木が落葉する寂しげな秋に
緑豊かな林の雰囲気を楽しむ

お手入れのコツ

室内なら窓際などで育てます。直射日光が当たると葉焼けをする恐れがあるので、カーテン越しに日が当たるような場所がお勧めです。

DATA

●島椿／シマトネリコ

初夏、小さな白い花をたくさん咲かせます。小さなツヤのある葉に魅力があり、自然な枝ぶりに整えやすいので、庭木や盆栽として人気があります。暖かい地域が原産なので、屋内で長く楽しむことができるのも特徴です。

科名	モクセイ科
原産地	沖縄、中国、台湾、東南アジア
分類	常緑小高木
鑑賞期	通年

　秋が深まるにつれて、多くの木が葉を落とし、寂しげな雰囲気が漂ってきます。そんな季節に際立つ、緑豊かな林をイメージした景色をつくりました。枝を広げ、緑の葉をいっぱいにつけて並び立つ木々が、明るく軽やかな風を運んでくれるような気がしませんか。

チュウゴクオオバヅタ

緑に映える紅葉の美しさ。
日ごとに深まる色の変化を味わう

　真っ赤な紅葉が魅力の木。その美しさを最大限に引き出せるように演出しました。紅葉が映える緑の苔を貼り、器にも赤みのあるものを選んで、コントラストを楽しめるようにしました。秋が訪れ、日ごとに葉の色を深めていく姿にはしみじみとした趣があります。

Point

紅葉が美しく見えるスタイルです。伸び過ぎた枝や色むらのある葉などをそぎ落とし、足元の苔や器の色合いにも心を配っています。

お手入れのコツ

丈夫な植物で伸びがよいので、飾る場所や見せ方に応じてカットします。きれいな紅葉のためには雨や寒さに当てることも大事です。

DATA

●中国大葉蔦
／チュウゴクオオバヅタ
ツタという名前は、塀などに巻き付き「つたう」様子に由来します。チュウゴクオオバヅタは、葉が大きく紅葉が美しいので盆栽として人気があります。懸崖風に垂らしたり、下に這わせたりと表現の幅が広いのも魅力です。

科名	ブドウ科
原産地	中国
分類	ツル性落葉樹
鑑賞期	4月中旬～11月末

第４章　秋の景色盆栽

トキワシノブ

沈みがちな気分の秋の日に
爽やかな緑でリフレッシュを

　季節の変わり目、なんとなく気分が優れないことはありませんか。そんな日に、爽やかな緑をお部屋に飾ると、心が元気になるような気がします。葉を落とす木が多い寂しげな晩秋の景色に、緑の葉を茂らせた草もの盆栽が軽やかな風を招き入れてくれることでしょう。

●DATA

●常盤忍／トキワシノブ
常盤に緑の葉を保ち、過酷な環境でも耐え忍ぶ(シノブ)姿から名付けられました。シダ植物らしい切れ込みの多い葉とふさふさした毛に覆われた根に特徴があります。苔玉の流行によりポピュラーになりました。

科名	シノブ科
原産地	台湾
分類	多年草
鑑賞期	通年

お手入れのコツ

置く場所は、半日陰や明るい日陰が適しています。多湿を好みますが、それほど乾燥にも弱くないので、初心者にも育てやすいでしょう。

ロウヤガキ ヨウキヒ

田舎の秋の景色をイメージ。
懐かしい思いで眺める柿の木

　秋になると、おばあちゃんの家の庭にあった柿の木を思い出したりしませんか。懐かしい田舎の風景の中で、柿の実や葉が次第に色づいてくる姿をイメージして仕立てました。根元の苔には自然に生育したものを用い、素朴な風情が醸し出されるよう演出しています。

Point

色づく柿の実や葉と合わせて、足元には自然に育つ素朴な苔を使いました。のどかな田舎の景色を思い描いてみましょう。

お手入れのコツ

桃栗三年柿八年といわれるように、生長が遅い柿は、移植を好みません。むやみに植え替えをしないで、安定させて育ててください。

DATA

●老鴉柿 楊貴妃
／ロウヤガキ ヨウキヒ
小さな実がつくロウヤガキは姫柿（ヒメガキ）とも呼ばれます。多品種がありますが、ヨウキヒは小葉で節が細かく濃紅色の実が特徴です。雌雄異株で結実には雄株も必要ですが、人工交配でも結実します。

科名	カキノキ科
原産地	中国
分類	落葉低木
鑑賞期	4月中旬〜11月末

71

ノコンギク

秋の野山に咲く花を
そっと切り取って日常の空間に

　秋の野山に咲く花を、そっと持ち帰ってきたイメージの作品です。毎年、秋になると、きれいな花を咲かせてくれる、花もの盆栽をつくりました。素朴で可憐な花を眺めるひととき、慌ただしい日常から解放され、くつろぎの時間が生まれるのではないでしょうか。

Point

シンプルながら可憐な花を、秋の野山から持ち帰ってきたような景色をつくりました。自然の花が、暮らしを優しく彩ってくれます。

お手入れのコツ

丈夫で育てやすく、多年草なので徐々に株も増え、毎年、花を楽しめます。3年に一度は株を分けて植え替えすることをお勧めします。

DATA

●野紺菊／ノコンギク

日本各地の野山のやや湿った草地に生える、いわゆる「野菊」を代表する植物のひとつで、地下茎を横に伸ばして繁殖します。花が少ない秋に咲く貴重な花で、寄せ植えにも使いやすい自然でシンプルな雰囲気を持っています。

科名	キク科
原産地	日本
分類	多年草
鑑賞期	4月中旬〜11月末

ヤクシマイワキンバイ

こんもりした緑の中に
可憐な黄色い花を咲かせて

　秋の岩場にひっそり咲く野草を、こんもりした緑の中に咲かせてみましょう。豊かな緑と可憐な黄色い花のコントラストが美しい、鮮やかな景色をイメージしています。生長させて葉を茂らせたり、寄せ植えにしたりと、異なる雰囲気で楽しんでも面白い木です。

Point

足元の苔と次第に茂っていく葉が形づくる、こんもりと豊かな緑。そのなかに可憐な花が咲く秋の景色を思い描いて育ててみましょう。

■ お手入れのコツ

丈夫で育てやすいので、春や秋はよく日に当てます。夏は直射日光に当てず、半日陰などで涼しくして管理することをお勧めします。

 DATA

●屋久島岩金梅
／ヤクシマイワキンバイ
屋久島に自生するイワキンバイです。岩場に自生し、黄色く梅に似た花を咲かせることが、名前の由来です。北海道から本州に分布するイワキンバイは草丈10〜20センチですが、屋久島固有種は4〜5センチと小型です。

科名	バラ科
原産地	鹿児島県屋久島
分類	多年草
鑑賞期	4月中旬〜11月末

盆栽の世界を広げる魅力のスポット。
新たな盆栽苗や盆器との出会いも

　日本の伝統文化でありながら、細かなルールに縛られず自分好みのスタイルで楽しめるのは、盆栽の魅力のひとつです。一方で、伝統的な作風やベテラン愛好家が長年丹精込めた作品に触れることも、盆栽の楽しみや表現の幅を広げてくれます。

　盆栽の聖地として、国内外から多くの愛好家が訪れるのが、埼玉県（さいたま市北区盆栽町）にある「大宮盆栽村」です。盆栽村は、関東大震災（1923年）で大きな被害を受けた盆栽業者が東京を離れ、この地に移り住んだことから始まりました。

　最盛期の1935年頃には約30の盆栽園があったといい、1940年には旧大宮市に編入され、「盆栽町」という町名に生まれ変わっています。現在も、盆栽町には5つの盆栽園があり、四季折々、訪れる人を楽しませるとともに、盆栽や苗、盆器などの販売を行っています。また、毎年ゴールデンウィークに開催される「大盆栽まつり」には、名品盆栽の展示や市民盆栽展が行われるほか、盆栽などを販売するお店が並びます。素晴らしい盆栽に触れるとともに、好みの盆栽や苗などを購入できるチャンスがありそうです。

　2010年には、大宮盆栽村に近接して、「大宮盆栽美術館」が開館。盆栽文化の発信を目的とした同館には、世界に誇る盆栽の名品を含め、屋内外で約70点もの盆栽を展示。盆栽に関わる美術品、歴史・民俗資料等を見ることができます。盆栽をじっくり鑑賞し、知識を深める機会になるのではないでしょうか。

　大宮盆栽村まで足を運ぶことが難しい人は、近隣で開催される盆栽展に行ってみてはいかがでしょう。国風盆栽展、雅風展など大きな盆栽団体の運営するもののほか、愛好会による盆栽展など、大小さまざまな趣向を凝らした展示会が全国各地で催されています。多くの展示会では即売コーナーもありますので、手頃な盆栽や苗などを購入することができます。

「大宮盆栽村」の盆栽園。きれいに並べられた盆栽の数々。

冬の景色盆栽

冬は植物の色が乏しい季節と思われがちですが、厳しい寒さのなかでも緑の葉を茂らせている植物がありますし、実が色づき、輝きを増してくるものもあります。また、眠っていた枝に花芽をつけ、いち早く開花させて、近づく春を伝える植物もあります。寂しい季節をさまざまな姿で彩ってくれる盆栽を、身近に置いて楽しんでみてください。

ヒノキ サンタクロースが出てきそうな 北欧の冬景色をイメージ

　クリスマスをテーマに、冬の針葉樹の林をイメージして仕立てました。大きさや色の違いのある数種類のヒノキを寄せ植えしています。さらに、流木や石、化粧砂を配置することで、自然感を強く出し、サンタクロースの故郷のような景色をつくっています。

Point

個性のある数種類のヒノキに加え、流木や石を組み合わせることで、自然の中にあるような変化に富んだ林の景色を表現しました。

●檜／ヒノキ

木目の美しさや香りのよさ、千年以上とされる耐久性の高さから、古くから建築材として重用されてきたほか、浴槽、風呂桶などの日用品にも使われてきました。ほかの松柏類に比べて葉が柔らかく、優しい雰囲気が持ち味です。

科名	ヒノキ科
原産地	日本
分類	常緑高木
鑑賞期	通年

内側の混んだところが蒸れて、葉が茶色くなることがあります。茶色い葉っぱが出てきたら取り除いて、風通しをよくしましょう。

ハクバイ トウジ　春の訪れを告げる梅を愛でる。甘い香りもお部屋に広がって

　梅は、お正月の飾りとしても使われる花。「万葉集」には百首を超える歌が詠まれています。古くから愛されてきたこの花の美しさを鑑賞できるシンプルな盆栽です。花を眺めるともに、香りのよさも楽しんでみてください。春の訪れを感じられることでしょう。

Point

12月頃から部屋の中に入れたり出したりして寒さ調整をし、お正月など鑑賞時期に合わせて花の咲く時期をコントロールします。

お手入れのコツ

長い枝を放任すると花つきが悪くなります。開花後は枝を切り詰めて新しい枝を誘い、春に出てきた枝は形を整える程度に剪定します。

DATA

●白梅　冬至
　／ハクバイ　トウジ

ウメは品種が多く、中国からの渡来種のほか、江戸時代にたくさんの品種の育成、改良が行われ、現在では300種以上あるといわれます。「冬至」は、野梅性の早咲き品種で冬至の頃に咲き始めることから名づけられました。

科名	バラ科
原産地	中国
分類	落葉高木
鑑賞期	12月中旬〜2月中旬

ゴヨウマツ

盆栽らしい美しさを備えた木。
存在感のある姿を存分に味わう

　盆栽を思い浮かべる時、多くの人がイメージするのがマツの盆栽ではないでしょうか。樹形の美しさに加え、葉のつき方が密でボリューム感がある五葉松は豊かな緑が際立ちます。色彩に乏しい冬の時期にはなおさら、こんな存在感のある木を飾りたくなりませんか。

Point

盆栽らしい趣のある木です。生長がゆっくりで樹形を保ちやすく、初心者でも育てやすい木なので、ぜひチャレンジしてみましょう。

DATA

●**五葉松**／ゴヨウマツ
1カ所から葉が5本出ることが名前の由来です。「五葉松」には多くの種類があり、この作品で使用したものは「銀八房五葉松」です。厳しい寒さに耐える丈夫な木なので育てやすく、樹形が崩れにくいことから人気があります。

科名	マツ科
原産地	日本
分類	常緑高木
鑑賞期	通年

お手入れのコツ

夏の暑さや日差しにも当てて、外でしっかり育てることがポイントです。季節の移り変わりの時に出る、茶色い葉っぱは取り除きます。

アカマツ　木の魅力を生かした文人仕立て[※]。洋室にも合うモダンなスタイル

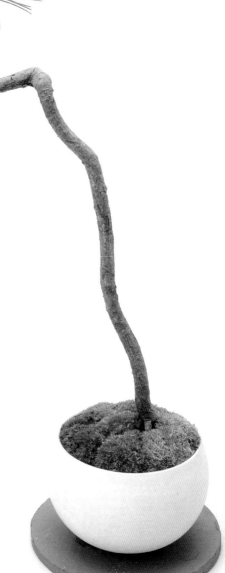

Point

マツの中でも優しい雰囲気を持つアカマツ。その特徴を生かして文人仕立てにし、洋風の空間にも合う、モダンなスタイルにしています。

　細く柔らかい葉で、女性的な雰囲気を持つアカマツ。下枝がなく幹をひょろっと伸ばす木の魅力を生かした文人仕立てにしました。マツには和のイメージがありますが、こんなモダンなスタイルなら、洋風の空間にマッチする緑のインテリアになるのではないでしょうか。

お手入れのコツ

風通しのよい場所で育てます。春の芽摘み、初夏の剪定、夏はよく日に当て、秋は古い葉を取るなど、四季折々の手入れが大事です。

DATA

●赤松／アカマツ

主に海岸に多いクロマツと比べ、山地に多く生育し、枝葉に優しい印象があることから「女松」とも呼ばれます。針状の2本の葉が1対となった、細くて柔らかい葉が特徴です。アカマツ林では秋にマツタケが取れます。

科名	マツ科
原産地	日本、中国、朝鮮半島
分類	常緑高木
鑑賞期	通年

※文人仕立て＝細い枝幹で柔らかい曲線の模様木に仕立て、優雅で洒脱と感じさせる樹姿にした樹形。

シンパク 自然の姿を凝縮した盆栽らしさ。
樹形と葉の美しさが際立つ模様木※

　シンパクで最も有名なのは新潟県の糸魚川真柏(イトイガワシンパク)です。日本海側の厳しい寒さや雪に耐え忍んで立つ木は、盆栽で表現する姿の典型ともいえるかもしれません。そんな盆栽らしい作品をつくりました。木の面白さ、葉の美しさを愛でることのできる模様木に仕立てています。

Point

枝ぶりや葉の美しさが際立つ模様木に仕立てました。厳しい大自然の中で力強く育ちゆく木を想起させるような盆栽としています。

お手入れのコツ

シンパクは、幹や枝を木質部まで削って白骨化させる神（ジン）や舎利（シャリ）づくりにも適しているので、ぜひチャレンジしてみましょう。

DATA

●真柏／シンパク

正式名はミヤマビャクシンといい、全国の高山から海外沿いまで広く自生しています。特に有名なのは糸魚川真柏で、海外の愛好家にも「イトイガワ」で通じるほど高い評価を得ています。丈夫で、樹形も整えやすい木です。

科名	ヒノキ科
原産地	日本
分類	常緑低木
鑑賞期	通年

　※模様木＝幹や枝が模様を描くように曲がりうねっている樹形のこと。

コウバイ　オオサカヅキ

一輪ごとに咲く花と香りに 春へと移りゆく季節を感じて

「松竹梅」と縁起木のひとつにも数えられるウメは、お正月をはじめとした季節の催事に飾りたい盆栽です。ほのかに甘い香りが漂い、ピンク色の花が、一輪また一輪と咲いていく奥ゆかしい佇まいに、一歩ずつ春が近づいてきているのを感じられることでしょう。

Point

ピンク色のつぼみが一輪また一輪と開いていく楽しみを感じられる盆栽です。ほのかな甘い香りも心を和ませてくれることでしょう。

お手入れのコツ

肥料が少ないと花つきが悪くなります。年に一度、初春に咲く花を存分に楽しむためには、肥料を十分に与えることが大切です。

DATA

●紅梅　大盃
　／コウバイ　オオサカヅキ
ウメの種類は豊富で、花を楽しむほかに、果実を梅干や梅酒に利用できる実ウメもあります。盆栽では野梅性、紅梅性、緋梅性のものが多く使われます。「大盃」は紅梅性の早咲きの品種で、ピンク色の中大輪で一重咲きです。

科名	バラ科
原産地	中国
分類	落葉高木
鑑賞期	1月中旬～2月下旬

クロマツ

まだ細い木を文人仕立てに。
さらに可能性を広げていける木

　木の形を素朴に生かした文人仕立てです。まだ細い木なので、ここから先、懸崖にも、模様木にもつくっていける可能性があります。盆栽を始め、そろそろよい木がほしいと考えている人にとっては、自らつくっていける楽しみな木になるのではないでしょうか。

Point

現在の木の面白さを生かした文人仕立てにしています。まだ細い木なので、今後、さまざまな樹形にチャレンジできる楽しみがあります。

お手入れのコツ

剪定や肥料などの手入れがフルセットで必要になるので、四季折々、植物に触れ、本格的に盆栽をやりたい人の入門編としてお勧めです。

DATA

●黒松／クロマツ

もともと海岸沿いを中心に広く自生し、潮風に強く柔軟性があるので防風林としても植栽されます。女性的な柔らかい印象のアカマツに比べると、いかにも「男松」の異名にふさわしい、荒れた幹肌が特徴的な豪快な姿です。

科名	マツ科
原産地	日本、中国、朝鮮半島
分類	常緑高木
鑑賞期	通年

マンリョウ　寂しい冬の主役になる
たわわな赤い実と緑が美しい木

「万両」というたくさんのお金を彷彿させる縁起のよい名前から、お正月に飾る木として親しまれています。たくさんの赤い実と濃緑色の葉のコントラストが際立つ美しい木は、植物の色彩の乏しい冬に主役となる存在感があり、明るい運気を呼び込んでくれそうです。

お手入れのコツ

実の美しさを鑑賞したら、その後は外に出して鳥に実を食べてもらうか、摘み取るようにすると、次の実つきがよくなります。

DATA

●**万両**／マンリョウ

光沢のある赤い実と葉の緑のコントラストが美しく、縁起木として親しまれています。7月頃、横に伸びた枝の先に1センチに満たない小さな花をたくさんつけ、その後、実をつけて晩秋から冬に赤く色づきます。

科名	サクラソウ科
原産地	日本、中国、朝鮮半島、台湾、インド
分類	常緑低木
鑑賞期	通年

Point

赤と緑のコントラストが印象的で、緑の少ない冬の主役になる木です。縁起のよい木なので、お正月などに飾るとよいでしょう。

バイカオウレン

緑が少なく寂しげな冬の野山。
その足元に咲く花をそっと切り取って

　冬の野山で、足元に梅の花に似た可憐な花を見つけることがあります。冬に咲く数少ない山野草、バイカオウレンです。そんな景色を切り取ってきたような盆栽です。寒さに耐え、健気に咲く花をイメージして眺めてみると、不思議と優しい気持ちになってきませんか。

Point

緑の少ない冬の野山。その足元にひっそりと緑の葉をつけ、咲く可憐な花を目にする、そんな景色を切り取ってきた景色をつくりました。

お手入れのコツ

適湿な明るい日陰でよく育ちます。水切れに気をつけて適度な湿り気を保ち、冬の霜や寒風で葉を傷めないように注意しましょう。

DATA

●梅花黄蓮
　／バイカオウレン
渓谷沿いや針葉樹の下など比較的湿潤な場所に自生します。早春、新しい葉が出るのに先駆けて、花茎を伸ばした先端に一輪ずつ白い花を咲かせます。花の形が梅の花に似ていることから梅花黄蓮と名づけられています。

科名	キンポウゲ科
原産地	日本
分類	常緑多年草
鑑賞期	通年

アカエゾマツ

厳しい環境に耐え、形を変えながら水辺に育ちゆく木をイメージ

　厳しい環境下で風雨にさらされながら強く育ちゆく木をイメージし、変化に富んだ樹形をつくりました。トルコブルーの鉢で、北海道の水辺の透明感のある青さを表現しています。冬の北海道の景色を想像しながら、眺めてみるのも楽しいのではないでしょうか。

Point

針金をかけ、面白みのある樹形をつくりました。トルコブルーの鉢を使い、本来、木が生育する水辺をイメージさせています。

お手入れのコツ

水をたっぷり与え、乾燥しないように注意してください。日当たり、風通しのよい場所に置き、冬は寒風から保護しましょう。

DATA

●赤蝦夷松／アカエゾマツ
北海道や岩手県の早池峰山（はやちねさん）などの岩礫地（がんれきち）や湖岸、湿原の周辺の湿地などに自生します。エゾマツに比べ幹が赤いことから名づけられました。整った円錐形の自然樹形が美しく、クリスマスツリーとしても多く利用されます。

科名	マツ科
原産地	日本
分類	常緑高木
鑑賞期	通年

クラマシダ・ヤクシマノイバラ

冬の野山の一コマのような
自然な風景を楽しめる草もの盆栽

　ふたつの山野草の寄せ植えで、冬の野山を切り取ったような景色を表現しています。仕立て始めて3年目になり自然に苔も生えて、より自然の風景らしい趣が出てきました。育てていくほどに自然感が増し、愛着が深まることでしょう。四季を通して楽しめるのも魅力です。

お手入れのコツ

夏は半日陰から明るい日陰に置き、冬は冷たい風が当たらない場所に置いて保護します。水を好むのでたっぷりとあげましょう。

DATA

●鞍馬羊歯／クラマシダ
シダ植物は胞子によって増える非種子植物の総称です。山地の明るい岩の上、倒木、岩壁などに生育します。クラマシダはオウゴンシダともいわれ、春夏の緑もきれいですが、秋から冬には黄金の彩りが美しくなります。

科名	イワヒバ科
原産地	日本
分類	多年草
鑑賞期	通年

DATA

●屋久島野薔薇／ヤクシマノイバラ
ノイバラは日本のノバラの代表的な品種で各地に自生します。トゲがあることから「茨（イバラ）」、野生ということで「野」がつきノイバラとなったようです。ヤクシマノイバラは屋久島固有種で6月頃に白い花を咲かせます。

科名	バラ科
原産地	鹿児島県屋久島
分類	落葉低木
鑑賞期	5月上旬〜6月下旬

ニシキシンパク

彩りの少ない冬に映える
黄金色に輝く美しい葉を愛でる

　黄金色の葉を持つニシキシンパクは、植物の彩りが少ない季節の盆栽に、よく用いられます。その葉の色から、金運アップの縁起木としても扱われます。ボリューム感がある葉の美しい色を楽しんでみましょう。心が晴れやかになり、運気も上昇する気がしてきます。

Point

ボリューム感のある美しい黄金色の葉っぱが魅力の木で、彩りが少なく寂しげな冬を明るく演出する盆栽を仕立てました。

お手入れのコツ

風通しのよい場所に置き、冬は寒風や霜に当たらないようにします。よく日に当てないと、葉の斑（黄色）が出ないので注意しましょう。

DATA

●錦真柏／ニシキシンパク
シンパクの中でも葉先が黄色く変色する品種で、黄金真柏（オウゴンシンパク）とも呼ばれます。シンパクは高山の岩場などに自生する丈夫で育てやすい木です。針金かけ、神（ジン）や舎利（シャリ）にも強いので、盆栽界ではとても人気があります。

科名	ヒノキ科
原産地	日本
分類	常緑低木
鑑賞期	通年

ツバキ　イッキュウ

白い花とつやのある葉が調和する。
すっきりと上品な立ち姿を味わう

小ぶりの白い花が濃緑の葉と調和する、品のよいツバキの花。その上品な姿をシンプルに見せる盆栽に仕立てました。茶花にも多く用いられる、この花の醸し出す穏やかな雰囲気を味わってみてください。花の時期だけでなく、一年中、鮮やかな緑が楽しめるのも魅力です。

お手入れのコツ

花つきをよくするためには肥料をしっかり与えましょう。また、伸長のために養分が使われ過ぎないよう剪定して木を小さくつくります。

DATA

●椿　一休
　／ツバキ　イッキュウ
ツバキは日本の代表的な花木で多数の園芸品種があり、海外でも人気が高まっています。イッキュウは白い一重の細い筒咲き、小輪の花を咲かせます。咲ききっても筒が細く上品で、葉もすっきりとして花と調和し、茶花に適しています。

科名	ツバキ科
原産地	日本
分類	常緑低木
鑑賞期	2月上旬～4月上旬

ピラカンサ

きれいな実をたわわにつけた面白い木。眺めているだけで明るい気分に

　頂部に集まるようにぎっしりとオレンジ色の実をつけた木。そのユニークな姿は愛らしく、眺めているのが楽しくなりませんか。季節の移り変わりとともに、花が咲き、実をつけて、少しずつ実が色づいていきます。さまざまに変化する木の姿を楽しみましょう。

Point

美しい実を鑑賞する盆栽です。11月頃には緑色だった実が、冬に向けて次第に色づいてきます。その色の変化も楽しんでみてください。

お手入れのコツ

生育が旺盛なので、春先に伸びてくる枝を剪定して整えます。季節の変わり目に黄色い葉が出やすいので、こまめに取りましょう。

DATA

●ピラカンサ

ヨーロッパからアジア西部原産のトキワサンザシ、中国原産のタチバナモドキなど数種を総称してピラカンサと呼びます。春には小さな白い花がアジサイのように頂部に集まって咲きます。実の色は赤、橙色、黄色などです。

科名	バラ科
原産地	中国、ヨーロッパ
分類	常緑低木
鑑賞期	通年

第5章　冬の景色盆栽

89

ヤブコウジ

真っ赤な実と緑の葉が美しい。
古くから愛される縁起木の趣を味わう

　別名「十両」とも呼ばれるこの木は、「千両」「万両」と並び、縁起木として愛されてきました。真っ赤な実には、お正月にふさわしい華やかさがありますが、盆栽に仕立てることで、お正月に限らず、冬のお部屋のインテリアとして楽しんでみてはいかがでしょう。

お手入れのコツ

乾燥にも強く丈夫で育てやすい木です。実を鑑賞する時期が終わった春先に、実を摘み取るようにすると、次の実つきがよくなります。

DATA

●藪柑子／ヤブコウジ
「万葉集」にも山橘（ヤマタチバナ）の名で詠まれ、古くから日本人に愛されてきた植物で、お正月の縁起木としても用いられます。常緑の葉も美しく、初夏には薄紅色の小さな花を咲かせます。「十両」という別名もあります。

科名	サクラソウ科
原産地	日本、中国、朝鮮半島、台湾
分類	常緑低木
鑑賞期	通年

ボケ クロシオ

中心の黄色とのコントラストも映える。
可愛い真紅の花を真冬の彩りに

　さまざまな種類があるボケの中でも、真っ赤な花と中心の黄色との対比が美しいクロシオ。その色合いから、お正月に飾る花としても人気があります。冷たい空気感に包まれる真冬に、この花の可憐さにホッとさせられ、心が柔らかくほぐれてくるような気がします。

お手入れのコツ

肥料は多めにあげましょう。花がしおれてしまう前に花を摘むと花芽がどんどん出て、次々に花が咲き、長く楽しむことができます。

DATA

●木瓜　黒潮
／ボケ　クロシオ

ボケには200以上の品種があります。春に開花する種類が多いですが、秋から冬の時期にかけて花を開花させる「寒ボケ」というタイプもあります。クロシオはその代表的な品種で濃い紅色の一重咲きの花を咲かせます。

科名	バラ科
原産地	中国
分類	落葉低木
鑑賞期	12月〜1月

Point

真冬に咲く真っ赤な花が印象的です。寂しげな景色の冬を、鮮やかに彩ってくれる花を盆栽に仕立てて楽しんでみましょう。

ツバキ　ワビスケ

自然の山に咲いているような
つつましい雰囲気に癒される

　冬の訪れとともに、寒さが厳しくなる山の中でつつましく咲く小さな白い花。そんな自然の景色を切り取ってきたようなイメージで、盆栽に仕立てました。茶花として愛され続けてきたこの木は、葉や花が小さく、上品でひっそりとした佇まいを見せてくれます。

Point

盆栽としてつくり込むのではなく、冬の山の中に自然に咲いている花木を切り取ってきたような景色をイメージしています。

お手入れのコツ

耐暑性・耐寒性ともに高く、あまり置き場を選びませんが、日向なら西日が当たらず、日陰ならなるべく明るい場所が適しています。

DATA

●椿　侘助
／ツバキ　ワビスケ

ツバキには多数の園芸品種があり、海外でも人気が高まっています。「侘助（ワビスケ）」の名前の由来には、茶人、笠原侘助が好んだなど諸説あり、茶花として重宝されます。筒咲きの一重で、葉に隠れるようにつつましく小さな花を咲かせます。

科名	ツバキ科
原産地	日本
分類	常緑低木
鑑賞期	2月上旬〜4月上旬

ゴールテリア

真っ赤な実が可愛らしい。
華やかな木で真冬の空間を明るく

地面近くにぎっしりとつけた、大きな丸い実が可愛らしい木。真っ赤な実と、葉や苔の緑とのコントラストが美しい盆栽です。どことなく洋の雰囲気をまとう木の特性も相まって、赤と緑がクリスマスをイメージさせ、明るい気持ちになってくるでしょう。

𝒫oint

真っ赤な実をたくさんつけた木の面白さを味わってみてください。赤と緑のコントラストが美しい、クリスマスカラーの盆栽です。

お手入れのコツ

枝葉を剪定して、実に十分な養分が行き渡るようにしましょう。実が熟れてしぼみ、変色してきたら、取り除くようにします。

DATA

●ゴールテリア

洋種ヤブコウジとも呼ばれ、初夏にアセビに似た白い釣り鐘型の花を咲かせます。地を這うように広がり、秋から春には長期間赤い実をつけます。丸く大きな赤い実が印象的で、クリスマスの寄せ植えなどにも人気です。

科名	ツツジ科
原産地	北アメリカ
分類	常緑低木
鑑賞期	通年

フジザクラ　コジョウノマイ

山の中にひっそりと咲くような
可憐な花と自然な樹形を楽しむ

　自由に曲がりくねった枝ぶりが面白く、小さな花を咲かせる桜を盆栽に仕立てました。ソメイヨシノに代表されるサクラには、華やかなイメージがありますが、この桜は、少し趣が異なっています。自然の風景の中に溶け込むような、可憐な花を楽しんでてください。

Point

決して豪華ではありませんが、可憐な花を咲かせるサクラです。自然のまま、自由に曲がりくねった樹形の面白さが楽しめます。

お手入れのコツ

自然に、枝が曲がりくねった雲竜型の樹形になってくるので、あまり剪定する必要がありません。初心者にも育てやすい盆栽です。

DATA

●富士桜　湖上の舞
　／フジザクラ　コジョウノマイ
フジザクラは、「豆桜（マメザクラ）」とも呼ばれ、富士山の近隣で発見された野生種です。なかでも、コジョウノマイは、あまり大きくならず、細い枝がくねくね曲がる雲竜型という伸び方をします。白から淡いピンク色の小さな一重の花を咲かせます。

科名	バラ科
原産地	日本
分類	落葉高木
鑑賞期	3月下旬〜4月上旬

シダレザクラ・フイリコケモモ

花開く春を待ちわびながら垂れ下がる枝ぶりも楽しんで

　ヤナギのように枝垂れるサクラの木は、開花の時期以外も、枝ぶりの面白さを味わえます。足元には、秋から冬の寂しげな季節に彩りを添えてくれる、フイリコケモモを植え、明るい雰囲気に仕立てています。いつの世も愛されてきたシダレザクラを身近に置いて、楽しんでみてください。

Point

花だけでなく、垂れ下がる枝ぶりの面白さも味わえる木です。足元に、彩りとなるフイリコケモモを植えて、明るさを添えています。

お手入れのコツ

下に向かって枝が伸びていくので、鉢の縁くらいのところで剪定するのがお勧めです。切りたい位置の一節先を切るようにしましょう。

DATA

●枝垂桜／シダレザクラ

枝がヤナギのように垂れ下がって生えているサクラの総称です。エドヒガンの変種が多く、さまざまな品種があります。糸を垂らしたような姿から、別名「糸桜（イトザクラ）」とも呼ばれます。寿命が長く、数百年の老木も珍しくありません。

科名	バラ科
原産地	日本
分類	落葉高木
鑑賞期	3月下旬～4月上旬

DATA

●斑入り苔桃／フイリコケモモ

コケモモは、日本の山野に自生する、苔のように小さな植物。フイリコケモモは、その斑入りタイプです。白っぽい黄色の斑は、寒くなると紅がさして美しくなります。果実は赤く、果実酒やジャムとして用いられます。

科名	ツツジ科
原産地	日本
分類	常緑低木
鑑賞期	通年

3カ月後

石つき盆栽

石と木を組み合わせて、迫力ある自然をイメージさせる景色に

石つき盆栽は、さまざまな手法を用いながら、石と木を組み合わせてつくります。根が石に絡み、木と石が一体になる姿は創造性にあふれ、自然の力強さを感じさせます。渓谷、断崖絶壁、孤島など、自然の風景をイメージした景色盆栽に仕立ててみましょう。

石つき盆栽に使う石は、好みの石でかまいません。凹凸が多いと植えつけがしやすく、その形を生かして景色も描きやすくなります。自然の中で、気になる石を見つけてきてもいいでしょう。植えつける木にも決まりはありません。常緑樹だけでなく、落葉樹や花ものなどを使って季節感のある景色を描くこともできます。また葉の小ぶりな樹種を選ぶと、石との対比で、スケール感のある景色をつくることができます。

石の質感と育っていく木の個性が絡み合い、小さい苗木でも面白い盆栽になるので、初心者も、ぜひチャレンジしてみてください。石を選び、どんな植物を合わせるのがいいか考え、生長した姿を思い描きながら盆栽をつくり上げる過程には、格別な楽しみがあります。

石つき盆栽の手法には、大きく分けると、石の上やくぼみに木を植える「石上石つき」と、根や幹が石を抱くように育てる「石抱き石つき」のふたつがあります。石上石つきは、石のくぼみや複数の石の間に、水やりの際に流されないようにケト土などを入れ、そこに木を植えつけます。石抱き石つきは、根上がりの部分に石を抱え込むように植えつける形が多く用いられます。石の形状を見極めて、植えつ

根に石を抱え込むような形に仕立てた「石抱き石つき」で、面白い表情が生まれます。

ける方向を決めましょう。

石と同じように、流木や朽ちた木を使って、盆栽を仕立てることもできます。流木などの個性的な形状を生かし、盆栽樹の枝ぶりをよりダイナミックに見せることができます。木の形の面白さや朽ちた風合いが、盆栽樹と融合することで、独特の趣が生まれてくるのも大きな魅力です。

流木と組み合わせて、より自然の風景を想像しやすい景色盆栽を仕立てることができます。

第6章

景色盆栽を
魅力的につくるコツ

盆栽づくりの第一歩は、植物をじっくり観察することです。樹形の面白さや、魅力的に見えるアングルなどをとらえて、どのような景色盆栽に仕立てたいか考えていきましょう。土に触ったり、植えつける苗を準備したりする間に、どんどん想像力が高まってきます。あまり慎重になりすぎず、楽しい気分で植物と向き合ってみてください。

材料

景色を思い描きながら材料をそろえる

盆栽づくりの基本となる一本ものの盆栽をつくってみましょう。自然の風景を重ね合わせながら、鉢に仕立てたい景色をイメージし、必要な材料をそろえていきます。主役となる苗のほか、景色を表現するうえで大きな役割を果たす苔や流木を選びましょう。木の見せ方やインテリアとの調和を考えた鉢選びも楽しみのひとつです。植物の生育のうえで重要な用土は、配合を確認して用意しておきます。

苗
クロマツ。今回は高さ10センチほどの小さな苗を選びました。どのように育てていくか、これからの楽しみが大きい木です。

鉢
鉢が小さいほど木の迫力が出ます。育てていくなかで、木と鉢が7：3のバランスになるように考えてみましょう。

苔
ホソバオキナゴケ。景色を表現するのに重要です。流木を固定したり、鉢の中の環境を整えたりする役割も果たします。

鉢底石
富士砂（中粒）。市販の鉢底石でもよいですが、富士砂を使うと水はけや保水性がよく、殺菌効果もあります。

流木
植物とのバランスやつくりたい景色をイメージしながら、大きさや形、風合いなどを判断して選びましょう。

用土
左から、赤玉土、元肥、富士砂、桐生砂、ケト土です。赤玉土3：富士砂1：桐生砂1：ケト土1が基本の配合です。

鉢の準備

鉢底にネットを固定し土漏れ防止

植物を健康に生育させていくために、鉢の中の環境をよい状態に保つことは重要です。鉢底にネットを敷いて、鉢穴からの土の流出や害虫の侵入を抑えましょう。ネットを敷くだけだと、土を入れる際や、植物が生育して根が伸びてきた時に、ネットを動かしてしまい、鉢底から土が流れ出してしまうことがあるので注意してください。鉢底にネットをしっかり固定することがポイントです。

1	
	鉢、鉢底ネット、盆栽用アルミ線、ハサミを用意します。

2	
	ネットを鉢底の穴よりも少し大きめにカットします。

3	
	ネットを固定するためのアルミ線を、穴のサイズより少し長めにカットします。

4	
	アルミ線をコの字型に曲げます。きちんと固定するには、角をしっかりつけるとよいです。

5	
	ネットの中央に、コの字型に曲げたアルミ線を通します。

6	
	鉢の内側から鉢底穴にアルミ線を通して鉢底に入れます。

7	
	裏から出たアルミ線を引っ張りながら、外側に折り曲げ、しっかり固定します。

8	
	鉢底穴の部分がきちんとネットで覆われ、固定されているか確認しましょう。

土の準備

排水性と保水性のバランスのよい土を

盆栽用土は、排水性と保水性という二つの相反する条件を満たしていることが大事です。1種類の土では条件を満たすことができないので、数種類の土を配合して使うようにしましょう。ここで紹介する基本の土の配合であれば、ほとんどの苗に対応することができます。一般に売られている培養土は養分が多く含まれているため、植物の根が張りすぎて根詰まりになることがあり、お勧めできません。

1 桶に赤玉土3：富士砂1：桐生砂1：ケト土1を配合し、元肥を入れます。

2 最初に、ケト土をよくほぐします。

3 湿り気があるケト土を接着剤代わりにして、ほかの土と少しずつ混ぜ合わせます。

4 かたまりになっている土を指先で丁寧にほぐし、だまにならないように両手でもみほぐします。

5 土の感触を確かめながら、指先と手のひらを使って混ぜることを繰り返しましょう。

6 全体がよく混ざり合い、土の粒が揃ってふんわりと柔らかくなったら完成です。

Point

指先や手のひらで土の感触を味わいながら黙々と作業するなかで、イマジネーションが高まり、これからつくる盆栽をイメージしやすくなります。

苗の準備

準備を進めながら、苗の状態を確認する

植えつける前に、根をほぐして水分を吸いやすい状態にします。ポットの中で根が伸び過ぎていたら、適度な長さにカットしましょう。無駄な枝葉やこぶを取り除いて、きれいにしておくと、植えつけ後のメンテナンスなどの作業がしやすくなります。作業を進めながら、苗の状態をよく観察しておくことも大切です。害虫がついていないか、健康かどうかなどをしっかりチェックしていきましょう。

1

苗の根元を持ってポットからそっとはずします。力まかせに抜くと、枝が折れたり、根が切れたりするので注意しましょう。

2

表面の土には虫がいることもあるので取り除いておきます。ピンセットを根の間に優しく刺すようにして土を落としていきます。

3

下から順に土を取り、丁寧に少しずつ根をほぐしていきます。1カ所でほぐそうとせず、回しながらやるとほぐれやすくなります。

4

固いところを無理に取ると根が切れてしまうので、根を伸ばしながら絡まっているところを見つけてほぐすようにしましょう。

5

ほぐし終えたら、葉の上部と同じくらいの長さでカットします。

6

内側にある汚い葉や不要な枝を取り除きます。神経質になる必要はありませんが、この段階でやっておくと、植えつけた後の手入れがしやすくなります。

7

こぶになっている部分をカットします。

8

根がほぐれて、枝葉がすっきり整ったら完成です。

植えつけ

苗の個性を見極めて全体をイメージして配置する

植物をじっくり眺め、どのアングルから見たら迫力が出るのか、奥行きを感じられるのかなどを考えてみましょう。また、幹が真上に立ち上がっているか、傾いているかといった、動きをとらえることも大切です。つくりたい景色をイメージしながら植えつけます。土入れや丸箸、コテ付きピンセットなどの道具は近くにそろえておき、手ほうきで常にテーブルの上をきれいにしながら作業しましょう。

土入れを使って富士砂（中粒）を鉢底が隠れる程度に入れます。市販の鉢底石を使用してもよいです。

土入れを使って、用土を流し込みます。

鉢底石が隠れる程度に入れるのが適切です。

バランスを見ながら配置を決めます。木の傾きによって、上から見て真ん中に見える位置にするといいでしょう。

5

位置を決めたら、木を手で押さえ固定して土を入れます。ふんわりといっぱいまで入れて、高さを調整します。

6

ピンセットで土を入れ込みます。隅までしっかり入ったら余った土を取り、土が縁より下がった状態にします。

7

流木を配置します。つくりたい景色をイメージし、木を主役に、美しく見えるように流木の位置を決めましょう。

8

苔は適当な大きさに割ります。厚みがあり過ぎる時は、上部をしっかり持って下の部分を取り除きます。

9

苔で後方から埋めていくようにして流木を固定します。苔を使うと見た目もきれいで、配置変更も容易です。

10

少し大きめの苔を入れ、箸やピンセットで動かないように押し込みます。

103

11

自然の中にあるくぼみや空間をイメージできるように、苔で全部埋めずに凹凸をつくっておくといいでしょう。

12

水辺のような雰囲気を出すために、土入れを使って、細かい化粧砂を少し多めに入れます。

13

へらで表面をならしていきます。なるべく平らにすることで、水辺のように見せることができます。

14

霧吹きで水をかけて、砂を落ち着かせます。

15

完成

水辺に立つ木をイメージした盆栽です。流木やくぼみのある空間で演出し、より自然感のある景色を仕立てました。

後方からは、山から川を見ているような景色になります。いろいろな角度から見て、楽しめる景色をつくれたら成功です。

第7章

盆栽のメンテナンス

盆栽を長く楽しむためには、日頃のメンテナンスが大切です。四季折々、季節に合った管理が必要になり、植物の種類によって異なる点もあります。ただ、水やりや病害虫の予防などは、植物の性質を見極めながら日常のルーティンにしていくとよいでしょう。盆栽は、手間暇かけて育てるのが基本です。そのプロセスも楽しんでください。

置き場

適度に日が当たる風通しのよい場所。直置きはNG

盆栽は屋外で管理するのが基本です。暑すぎず寒すぎない、風通しのよい場所に置きましょう。屋内で鑑賞する場合も、置きっ放しでは日照不足で病気になりやすいので、適度に外に出すことが必要です。お勧めは朝の光に当てること。夜、外に出して、朝に取り込むルールにしておくと植物も適応していきます。

置き場の工夫

地面に直接置かず、棚やフラワースタンドに間隔をあけて置く

盆栽には育てなければならない時期があるので、特に、その期間は外に出しておくようにします。日当たりがよく風通しのよい場所を確保しましょう。日当たりがよければ光合成が盛んになり、植物は元気に育ちますし、風通しがよければ湿気がこもらないので、病害虫の発生を防ぐことができます。鉢は、必ず、フラワースタンドや棚などに置き、鉢の間隔を十分にあけ、風通しをよくしましょう。地面に直接、鉢を置くと、風通しが悪くなって鉢土が乾きにくく、生育を妨げてしまうこともあります。また、害虫が侵入する心配もありますし、泥はねで幹や葉を汚してしまうと、病気に感染しやすくなります。ベランダに置く場合でも、直射日光で高温になる床に直接置くことは避けましょう。

屋外

日に当てるといっても、曇天や反射光程度で十分。季節ごとに、適切な場所を探してみてください。

適度に日が当たり、風通しのよい場所に置きます。置きっ放しにせず、外に出すことも必要です。

屋内

春の工夫

室内や軒下に置いていた鉢も、屋外に出して春を感じさせましょう。できるだけ日当たりがよく、適度に風通しのよい場所に置くようにします。時折、寒さが戻るような時期には、ついたての寒風避けや寒冷紗の霜よけを施し、新芽が傷むのを防ぐようにしましょう。日差しが強くなってくると乾燥しやすくなるので、日が当たりすぎないような工夫も必要です。

夏の工夫

夏のポイントは強い日差しを遮ること。強い日差しを受けると、暑さに弱い植物は夏バテし、雑木などは葉焼けを起こしやすくなります。葉焼けを起こすと、秋の紅葉を楽しめないだけでなく、生育にも悪影響があります。午前の早い時間だけ日が当たる場所や木陰などに置くとよいでしょう。遮光ネットやすだれなどで、日中の日差しや西日を遮る工夫も有効です。

秋の工夫

日当たりのよい場所に置きます。夏に弱った盆栽は半日陰で様子を見て、涼しくなったら日の当たる場所に戻して十分に日を当ててください。晩秋以降、寒さに弱い植物は霜に当てないようにし、夜は屋内に取り込みます。対応は植物によって異なり、梅や長寿梅など早春に花を咲かせるものは 強い霜に一、二度当ててから取り込んだほうが、花咲きがよくなります。

冬の工夫

寒風の当たらない、南向きの暖かい場所に置くのが望ましいです。寒さに強い植物でも、できるだけ北風に当てないほうが傷みを避けられます。北側によしずなどついたてを設置するとよいでしょう。小さい鉢は鉢土が凍りやすいので、寒冷地では屋内に取り込んでください。屋内では乾燥に注意し、決して暖房の風の当たる場所には置かないようにしてください。

水やり

水分とともに酸素を与える「水やり」は盆栽の基本

　水やりは盆栽の管理において、特に大切な作業です。どんな植物も基本的には一年中、水と酸素が必要。水やりには、水分だけでなく、新鮮な酸素を与える目的があるので、鉢底から水が流れ出すまで与えましょう。水やりの度に、植物の状態を丁寧に観察すれば、害虫や病気を早めに発見することもできます。

霧吹きスプレーを使う

小さい盆栽は、霧吹きスプレーを使い、隅々まで水を行き渡らせる

　小さい盆栽には、霧吹きスプレーを使うと、全体に水が行き渡りやすいので便利です。植えつけなどの作業の際にも活躍するアイテムです。また、乾燥する季節には、葉や幹に軽くスプレーすることも有効です。

ジョウロを使う

注ぎ口の長いジョウロを。葉には水をかけず根元に注ぐように与える

　大きい盆栽には、ジョウロを用意しましょう。注ぎ口の長いタイプが使いやすいです。ジョウロで植物の根元に静かに注ぐように与えます。葉焼けの原因になるので、葉にはなるべく水をかけないようにします。

水やりのタイミング

苔や化粧砂で湿り具合を確認し、鉢土が乾ききる前にたっぷりと

　タイミングや回数は、植物の種類や季節によって違います。1日1回といった回数で覚えるのでなく、苔や化粧砂を見て湿り具合を確認するなど、状態をよく観察して、土が乾ききる前に行うことが大切です。

Point

　土が乾ききる前に、鉢穴から水が流れ出るくらいたっぷりと。水はけが悪いと根腐れの原因になるので、きちんと排水されているかチェックします。

四季の水やり

春夏はたっぷり、秋冬は控えめに。必要な水分量を購入の際に確認を

　生長期の春から夏にかけてはたっぷり水を与え、休眠期の秋から冬は、少し控えめにするのが基木です。特に盛夏は水切れに注意し、比較的気温の低い、朝や夕方から夜にかけて水やりをするといいでしょう。冬は水を扱いにくいですが、植物は休眠中も水分を必要とするので、乾燥しすぎないように注意が必要です。植物によって必要な水の量は違うので、盆栽を購入する時は、水やりのタイミングや快適な環境について、しっかり確認しておきましょう。

施肥（せひ）

植物に合わせて適した肥料を選び、正しく与える

　肥料は窒素、リン酸、カリの3要素からなり、窒素は葉を、リン酸は果実と花を、カリは幹と根を育てます。盆栽は鉢という限られたスペースに根を張るので、鉢の中の養分がなくなると生育に支障をきたしますが、肥料のやりすぎも植物に負担になります。植物の種類に合った肥料を正しい分量で与えましょう。

元肥（もとごえ）

あらかじめ用土に混ぜて使う肥料。植えつけ時や休眠期に用いる

　植物を植えつける時、あらかじめ用土に混ぜる肥料です。効き方がゆっくりで効果が長続きする緩効性肥料や、しばらく時間がたって効果が出る遅効性肥料を使い、じっくり生長を促します。植えつけ直後は根が傷んでいるので、最低でも2週間は濃い肥料や速効性肥料を与えるのは避けましょう。また、休眠期には、有機質を主体とした元肥による施肥を行います。これを寒肥といい、春の生長期に効き目が現れます。

マグァンプK

窒素6：リン酸40：カリ6にマグネシウムを配合。初期生育を促す速効性成分と緩効性成分が組み合わせられた粒状の化学肥料で、約1年間効果が持続します。600g 1,100円

液肥（えきひ）

速効性のある肥料。規定より薄く希釈し、頻繁に与えると効果的

　液肥（液体肥料）は、速効性があるのが特徴です。ただ、植物が養分を吸収し始めるまでには時間がかかるので、規定より薄く希釈して頻繁に与えるようにすると、より効果的です。鉢の土全体にかかるようにし、水やりと同様、鉢底から流れ出るまでたっぷりあげるのが基本です。しかし、植物が弱っていると根から養分を吸収しづらくなるので、その場合は、葉に散布して葉から吸収させる方法をとるといいでしょう。

ハイポネックス

窒素6：リン酸10：カリ5に植物の育成に必要な15種類の栄養素をバランスよく配合した即効性のある液体肥料。規定の倍数以上に水で薄めて使用しましょう。800ml 980円

置き肥（おきひ）

表土に置く固形肥料。養分が水とともに土に溶け出し効果を発揮

　置き肥は、土の表面に置いておくだけで、水やりの度に養分が鉢中に溶け出し、2～3カ月効果が持続します。根の周りを取り囲むように、鉢の隅に置くようにします。根元に置いたり、1カ所に大量に置いたりするのは避けましょう。配置する数は、鉢の大きさによって変わってくるので、肥料の説明書をよく読んでください。置き肥用のホルダーを使用すると、張った苔が肥料焼けするのを防ぐことができて便利です。

玉肥

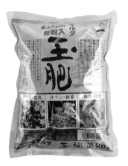

肥料を練って玉状に固めたもの。油かすや骨粉を原料とする、昔ながらの天然有機肥料で、土壌を豊かにする効果がある。遅効性と緩効性が大きな特徴。500g 370円

　※価格はすべて参考価格（税別）です。

病気・害虫対策

予防が第一。よく観察して気になる症状があれば早めの対策を

　病害虫に感染すると樹形や生育に大きく影響し、致命的なダメージを受けることもあります。感染後には原因の特定が難しいため、病害虫を寄せつけない環境をつくることが重要です。しかし、どんなに気をつけても感染のリスクはあります。日頃からよく観察し、気になる症状があれば早めに対策しましょう。

病気対策

殺菌剤の定期的な散布で予防。発病した場合は専用の薬剤で対応を

　植物の病気の多くは、殺菌剤を定期的に散布することで予防できます。散布は風が穏やかな曇りの日を選びましょう。できるだけ肌を覆ってマスクと手袋を着用し、肌に薬剤がかからないように注意します。説明書をよく読み、規定以下の濃度で散布します。病気にかかってしまった場合は、症状の出ている葉や枝を取り除き、専用の薬剤を施します。薬剤を用いても回復しない場合は、盆栽専門店などに相談しましょう。

害虫対策

定期的な殺虫剤散布による予防。日頃から観察し見つけ次第駆除を

　主な害虫は、アブラムシ、カイガラムシ、ハダニです。特に梅雨時は発生しやすく、葉の後ろや鉢の裏に隠れていることがあるので、見つけ次第駆除しましょう。アブラムシの予防には、「モスピラン」の定期的な散布が有効。規定通りに希釈して霧吹きで散布します。駆除には「モスピラン」のほか、スプレータイプの「ベニカ」も効果があります。カイガラムシとハダニの駆除には、「マラソン乳剤」が効果的です。

うどんこ病

春先や初秋に発生。葉に白い粉がふいたように斑点のカビがつきます。光合成が阻害され、生育が悪くなります。

斑点病（はんてんびょう）

葉に茶色の斑点が生じます。病原菌は風雨で飛散し、高温多湿で発生しやすいので、特に梅雨時は注意が必要。

黒星病（くろぼしびょう）

特に梅雨時に多発。葉に生じた黒い斑点がしだいに広がり落葉します。落ちた葉は感染源になるので速やかに処分をしてください。

アブラムシ

新芽や葉などに群生し吸汁して、植物の生育を阻害するほか、ウイルス病や細菌病の感染源にもなります。

カイガラムシ

植物に寄生し、ひどい時は枯死させます。殺虫剤が効きにくいため、見つけたら歯ブラシなどでこすり落とします。

ハダニ

ダニの仲間で、葉に裏に寄生して汁液を吸います。その跡は白色や褐色の斑点になり、光合成を阻害します。

剪定(せんてい)

盆栽の形を整える剪定は、植物の健康管理にも重要

　盆栽は放っておくと樹形が変わり、表現するスケール感が損なわれます。定期的に剪定をして、樹形をコンパクトに保ちましょう。また、伸び放題にしていると、枝の生長ばかりに栄養が使われますし、枝の陰になって日当たりや風通しが悪い部分も出てきます。剪定には、木の健康を維持する役割もあるのです。

少しずつ切り詰め仕立てたい樹形に。定期的な剪定で樹形を整える

　定期的に剪定することで、樹形を整え、美しく健康に育てることができます。剪定に適しているのは、春から夏の生長期。伸びた枝をどんどんカットして木の形を維持します。幹や枝ぶりが見えるように葉を間引き、不要と思われる枝を落としていきましょう。樹形が整うだけでなく、内側まで日当たりや風通しがよくなり、植物を健康に育てることができます。剪定に失敗しても植物は生長するので、盆栽づくりをあきらめることはありませんが、慣れないうちは、全体のバランスを見ながら少しずつカットするとよいでしょう。植物が葉を落とし、休眠期を迎える秋冬には、翌年の樹形を見据えて木の形を整えるようにします。

盆栽のトップから決めるのがポイント。全体の形を決めるために、一番上の最も勢いのある枝を先にカットします。

同じ箇所から多数の枝ができると、コブになりやすく樹形が乱れてしまいます。新しく出た小さな枝を切ります。

剪定前

真下に向かって伸びる枝を切ります。やがて自然淘汰される枝なので、あらかじめ無駄な部分はカットしておきましょう。

剪定後

Point

枝葉が混みあった部分がカットされ、
樹形が整ってすっきりとした印象に
なりました。日当たりや風通しもよ
く、健康に生育しやすい状態です。

監修

小林健二（こばやし けんじ）

1970年長野県小諸市生まれ。（有）品品代表取締役。造園設計事務所を退社後、アメリカのオレゴン州ポートランドで栽景を学び、帰国後に景色盆栽というスタイルを確立、品品を立ち上げる。現代の生活と植物を結びつけ、人の心を豊かにすることを信念として、さまざまなライフスタイルにあった作品を創作。各所での個展や景色盆栽教室、テレビなど多方面で活躍中。

STAFF

企画・編集・制作　　　　スタジオパラム

● Director　　　　清水信次
● Writer　　　　大和田敏子
● Editor　　　　島上絹子
● Camera　　　　上田克郎
　　　　　　　　山上　忠
● Design & DTP　　　スタジオパラム
● Special Thanks　　　（公社）さいたま観光国際協会

四季の景色盆栽 季節の草木を愉しむアイデアとポイント

2020年6月20日　第1版・第1刷発行

監修者　　小林健二（こばやし　けんじ）
発行者　　株式会社メイツユニバーサルコンテンツ
　　　　　（旧社名：メイツ出版株式会社）
　　　　　代表者　三渡　治
　　　　　〒102-0093 東京都千代田区平河町一丁目1-8
　　　　　TEL：03-5276-3050（編集・営業）
　　　　　　　　03-5276-3052（注文専用）
　　　　　FAX：03-5276-3105
印　刷　　三松堂株式会社

ご意見・ご感想はホームページから承っております。
ウェブサイト　https://www.mates-publishing.co.jp/

編集長：折居かおる　副編集長：堀明研斗　企画担当：堀明研斗